金澤南 編著

說話時**玩些心機**，
才能順利達成目的

HOW TO BREAK
THE HEART OF DEFENSE

摸透人性弱點
說話攻略

戴爾‧卡內基曾說：
如果你想要別人接受他們不想接受的要求，
只需將這些要求**包裝在他們喜歡聽的話語之中**。

確實如此，不論溝通、談判或是推銷自己的想法，想要順利達成目的，就必須先看穿對方潛藏的心思，然後用對方最喜歡聽的話語，巧妙地傳達自己的意思。如果你能在言談間看穿對方正在想什麼，便可以突破對方的心防，牽引對方往自己設定的方向走。

How to break
the heart of defense
❶❶❸

出 版 序

把話說進別人的心坎裡

期望無往而不利，少不了得培養自己的口才。
不能僅僅是說話，而是要把話說到聆聽者的心
坎裡去！

人際關係專家畢傑曾說：「如果你想把話說到別人的心坎裡，
就必須知道如何利用別人最喜歡聽的話，間接傳達你想要傳達的
意思。」

的確，同樣的一件事，用不同的兩種話來表達，最後的結果
往往大相逕庭。如果你可以在事前就知道你想要傳達的人喜歡聽
什麼話，然後再用他喜歡聽的話間接傳達你的意見，那麼，對方
欣然接受的程度肯定會高出許多。

繁忙的人際交往中，人與人之間的溝通對話不可避免。

一個會說話的人，每一句話都能打動人們的心弦，好像具有
一種不可知的魔力，操縱著人們的情緒。他的一舉手一投足，嘴
裡發出來的一言一語，彷彿都能影響到周圍空氣的鬆弛與緊張。

這種感染的力量是什麼？就是口才。

和別人接觸的時候，有四件事情容易被人用來當作標準，評
定我們的價值，那就是我們做的、我們的面貌、我們說的話，以
及我們如何說話。

　　可惜，許多人為了種種瑣事的繁忙，忘記最重大的事，缺少時間研究他們的「辭藻」，甚至不肯花一分鐘的時間思考如何充實自己的辭句、如何增加辭句的意義，如何使講話準確清晰。

　　有些人以為，只要有才幹，即使沒有口才，也可以達到成功的目的。

　　這種觀念並不完全正確，有才幹並且有口才的人，成功希望才更大。因為一個人的才幹，完全可以從言語談吐之間充分地表露出來，使對方更進一步地瞭解，並且信任。

　　美國費城的大街上，曾躑躅著一個無業的英國青年，不論是清晨或夜晚，總是引人注目地經過那裡。據他自己說，他想尋找一份工作。

　　有一天，他突然闖進了該城著名的巨賈鮑爾‧吉勃斯的辦公室，請求主人犧牲一分鐘時間接見他，容許他講一兩句話。

　　這位陌生怪客使吉勃斯感到驚奇，因為他的外表太引人注目了，衣服已很破舊，全身流露出極度窮困的窘態，可精神倒是非常飽滿。也許是出於好奇，或者是憐憫，吉勃斯同意與這人一談。

　　想不到的是，他起初原想談一兩句話就好，然而一談起來，不是一兩句，也不是一二十分鐘，直到一個小時以後，談話仍沒有結束。

　　接下來，吉勃斯立即打電話給狄諾公司的費城經理泰勒先生，再由這位著名的金融家邀請這位陌生怪客共進午餐，並給了他一個極優越的職務。

　　一個窮困落魄的青年，何以能在半天之內，獲得如此美滿的結果？

How to break
the heart of defense
005

他的成功秘訣，就在於極吸引人的口才。

口才，是生活中應用最普遍也最難能可貴的說話技術。然而，與你交談的對象當中，有幾個長於口才？在日常的談話中，在大庭廣眾的集會中，你遇到過多少使你滿意的談話對象？曾有多少人，能夠把話說到你的心裡去？恐怕都是屈指可數吧！

不論是面對家庭，還是職場，甚至是整個社會，期望無往而不利，少不了得培養自己的口才，強化自身的說話能力。

不能僅僅是說話，而是要把話說到聆聽者的心坎裡去！

口才是現代社會必備的競爭資本，也是增強人際關係的要素，懂得把話說得更巧妙，懂得把意見滲透到別人心裡，更是商業社會的成功之道。

很多人失敗，並不是敗於實力不濟，而是不知道運用「語言」這項利器。唯有細心研讀並靈活應用語言的魅力，具備良好的說話能力，才能增進自己的各項能力，在商業社會遊刃有餘。

PART1

懂得說話，就不會尷尬

在任何場合開口說話時，一定要三思而後言。古人常說的「禍從口出」，就是因為不考慮清楚就隨意開口，為自己惹來了麻煩。

PART2

加深印象，更有說服力量

想要讓自己說的話更有說服力，務必要使語意生動明晰，才能深深打動聽者的心，進而獲得不同凡響的效果。

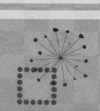
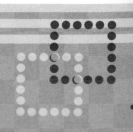

PART3

出乎預料往往能收意外功效　0

想要強力克制自己處於興奮、衝動、極度緊張時的言行舉止，是一件很不容易的事，但這種功夫往往能使對手極度不安。

PART4

拋出肯定問題讓對方傻傻同意

以絕對肯定性的方式作為話題的開頭，讓對方在不知不覺中放鬆心情，解除了心理的武裝。

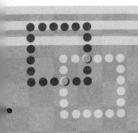

PART 5

引起親切感，交往不難

藉由關心對方的家人或使用流行語引起
強烈的親切感，產生同夥意識，別人當然
樂於與你交往。

PART 6

換個說法，就可以改變對方的想法

引導想法的說話方法，對於任何誤以為自己有許多毛病的
人，通常都相當適用，可有效解除心理上的困境。

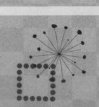

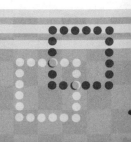

PART7

技巧性接話有助於套出真話

附和對方的語意，他便會迷失在想說的話當中，甚至誤以為那就是自己談話的中心，而毫不忌憚地繼續說下去。

PART8

口氣決定你的運氣

如果說興趣，是談話的潤滑劑，那麼，風趣幽默就是銷售的調味料。冗長而無趣的銷售、說明是很煩人的，銷售員如不能適時來一點「噱頭」，客戶就會昏昏欲睡。

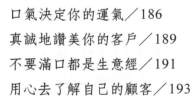
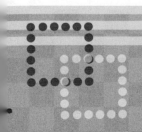
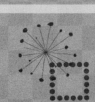

PART 9

適當的話題是交談的潤滑劑

一個銷售員的魅力，往往來自於他的博聞強記、能言善道。聊天只是為銷售增添點潤滑劑，使交談的氣氛更輕鬆，並非曲意奉承或揭人隱私。

PART 10

尊重的態度是成功的基礎

在整個談判的過程中，都要維持尊重對方的態度，以禮待之。這樣即便這次談判不成、無法合作，對方也會對你留下好印象。

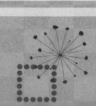

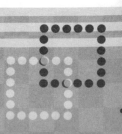

PART11
迂迴側擊才能突破僵局

當談判雙方在某個問題上爭執不下時，自信加技巧就是獲勝的關鍵。誰更自信、誰說話更有技巧，誰獲得成功的可能性就越大。

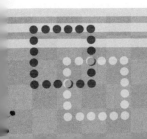
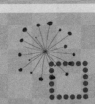

懂得說話，
就不會尷尬

在任何場合開口說話時，一定要三思而後言。

古人常說的「禍從口出」，就是因為不考慮清楚就隨意開口，為自己惹來了麻煩。

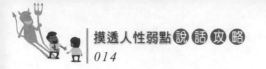
聰明打開話題，發揮言語效益

> 故意發個讓對方容易接的球，他一高興，當然
> 樂於還擊，話題會自然地圍繞著興趣轉，讓他
> 談笑風生，起勁地暢談不休。

　　與人交談就如同打桌球，必須迅速靈敏地將球抽回，一方面維持與對方的連續還擊，一方面藉著那小小的乒乓球，溝通彼此的心靈。同時，選擇一個適當的機會，攻殺對方。

　　如果操之過急，一味地想擊敗對手，勢必會先嚐到敗績。

　　最容易維持交談的話題，莫過於針對對方的興趣出發。例如，如果你知道對方擅長打乒乓球，那麼在會面寒暄之後，就要立刻提出。

　　「聽說您是一位乒乓球高手？」

　　這正如同桌球運動中的發球，故意發個讓對方容易接的球，他一高興，當然樂於還擊，話題會自然地圍繞著興趣轉，讓他談笑風生，起勁地暢談不休。

　　這可稱之為談話的「情感發酵」，或者「談話的發球」。

　　被商界譽為「銷售權威」的霍依拉先生，便十分擅長「談話的發球」。

　　有一次，他為了替報社爭取廣告刊登，親自到梅伊百貨公司拜訪總經理梅伊。相互寒暄介紹以後，霍依拉不經意地加上一

How to break
the heart of defense
015

句：「您在哪兒學會駕駛飛機的？」想不到這句話真靈驗，正好
搔著梅伊的癢處，觸發了他的談興，於是便主動邀請霍依拉在週
末時搭乘他的自用飛機。

可想而知，有好的開始，這椿大生意自然有了著落。

這位銷售權威何以知道梅伊總經理會駕駛飛機？當然是因為
在上門拜訪之前，早已先做過調查。

霍依拉心想：「如果我是一天到晚都忙著做生意的總經理，
聽見有人還繼續談商場上的那一套，一定感到心煩。我得換個方
法，另闢蹊徑。」就憑著這一招，他成功創下了廣告招攬額的最
佳紀錄。

如果事先調查不出對方的興趣，該怎麼辦？

沒關係，只要問他：「您在閒暇的時候，都做哪些消遣呢？」
以此切入，同樣可以套出對方的嗜好。

不過，要採用這項策略，你本身需要具備一項條件，那就是
興趣、愛好廣泛且普遍，不論談些什麼都能應答如流，如此一來
雙方才可能聊得投機，各項要求自然而然地能夠順利被達成。

當然，想要把話說得更巧妙，是一門博大精深的心理學，掌
握對方的興趣嗜好和心理狀態只是其中的要點之一，必須以更多
說話技巧輔助。

作家貝爾就曾經說過：「一句話往往再加上幾個字，就可以
讓別人原本不想聽的話，變成別人願意聽的話。」

的確，有時候一句話往往加上幾個裝飾字之後，就可以更巧
妙地傳達自己原本想要表達的意思。

譬如，當你想指出別人的錯誤的時候，如果試著話在語之前

加上「以下我準備說的話，完全對事不對人」，那麼，相信別人就比較能夠虛心地接受你的指正。

口才可以說是現代社會必備的競爭資本，「把話說得更巧妙，把意見滲透到別人心裡」，更是商業社會的成功之道，唯有具備良好的說話能力，才能在劇烈的競爭中遊刃有餘。

細心研讀說話的各種技巧，掌握對方的心思後加以靈活應用，會使你更迅速擄獲人心，也更順利達成自己的目的。

How to break
the heart of defense
017

懂得說話，就不會尷尬

在任何場合開口說話時，一定要三思而後言。
古人常說的「禍從口出」，就是因為不考慮清
楚就隨意開口，為自己惹來了麻煩。

作家貝佐茲曾說：「成功者和失敗者最大的不同就在於，成
功者懂得如何把難說的話說成好聽的話。」

的確，當你跟別人溝通之時，要把難以開口向別人說的話，
或是不怎麼好說的話，說成別人想聽的「好話」，確實是一門高
深的溝通藝術，重點就在於你是否懂得用別人喜歡的方式包裝那
些話。只要你能依照這個原則，再怎麼難說的話，就都能變成一
句句動聽的「好話」。

在人際交往的場合中，有些狀況會令對方相當尷尬、難堪，
甚至因此惱羞成怒。會造成這種情況，多半是說者不考慮時間、
地點，說出不合場合的話語，結果即便說者是好意，也會惹得對
方不愉快。像不合時宜的安慰話語就是如此。

例如，辦公室裡有位女同事談戀愛受挫，好不容易鼓起勇氣
向對方告白卻被拒絕，心裡相當傷心難過。

她的性格內向又不善言談，也就沒有向他人袒露內心的秘密。
公司裡一個與她很要好的同事見她愁眉不展，在得知原因後，就
當著眾人的面安慰她說：「那個人有什麼好？憑妳的條件，一定

可以找到更好的！」

可是，話還未說完，那名失戀的女同事就跑出辦公室了。這時，她才發覺在這樣的場合中，這樣的安慰話有些不妥當，可是對方已受到傷害了。

幾句安慰話倒成了彼此間尷尬的原因，由此可見，即使說安慰話也要考慮對方的性格，更要考慮時間和場合的問題。

對性格內向的人，不宜在眾人面前直接給予安慰，尤其是涉及別人的隱私時，更不宜在公開場合安慰對方，以免「走漏風聲」。總而言之，在說安慰話時，還得隨不同對象而有不同的應對方式。

另外，有一些人在說話時，總是直來直往，易惹人生氣、把事情搞砸，這是因為這類人缺乏場合意識的關係。

他們對人很誠實，談論事情時往往只從個人主觀感覺出發，以為只要有話就應該說，心裡有什麼嘴上就說什麼，不管什麼時間、地點、場合都是如此，結果常常冒犯了人，自己還不知道問題出在哪裡。

例如，有兩個老工人平時愛開玩笑。若有幾天沒有見到彼此，一見面就會說：「你還沒死呀？」通常對方也不計較，只回說：「我等著你送花圈呢！」兩個人相對哈哈一笑了事。

後來甲工人因重病住院，乙工人去醫院探望他。結果一見面就說：「你還沒有死呀？」這一次，甲工人馬上就發火了，生氣地說：「你滾出去！」

這是因為對方正生病住院，心理壓力很大，結果乙工人又對著憂心忡忡的病人說「死」，對方怎能不反感、惱怒？

就算乙工人沒有惡意，只是想逗對方開心，只可惜他缺乏場

How to break
the heart of defense
019

合意識，開玩笑弄錯了地方，才使得對方不愉快。

　　在任何場合中開口說話時，一定要三思而後言。古人常說「禍從口出」，就是因為不考慮清楚就隨意開口，為自己惹來了麻煩。尤其在商場上活動的人，每天見面的人更多，彼此間的利益關係又複雜，更要有場合意識，養成「三思後言」的好習慣。

　　人際關係傑夫曾經在他的著作中如此寫道：「想要說好難說的話，嚴格講起來，一點都不困難，問題就在於，你是否懂得先站在別人的立場著想，再來說那些難說的話。」

　　如何說話是一門高身的學問，但只要你懂得在開口向別人說難說的話之前，先站在對方的立場設想，那麼，接下來不論從你口中說出再如何難堪的話，聽在對方的耳朵，也就比較不會那麼刺耳。

善用談話技巧獲取他人好感

若能把握各種談話方式，在各種交際應酬場合適當地運用，會讓口才更加出眾，也能加深他人對自己的好感。

身處商場中，就免不了各種交際應酬的場合，尤其是身為領導者的人，面對這類場合的機會更是多。

應酬的對象可能是客戶，可能是一同合作的廠商，也可能是自家公司的同事或上司，但不論對象是誰，這些人對你在事業上的成功與否，都有一定的影響力。也許能因此拉到一個大客戶，也許能藉此加強合作夥伴對自己的好感，甚至可能因而得到升遷的機會。

因此，應酬的技巧是成功人士必有的一項技能。

成功的應酬技巧，是指在各種場合中都能應付自如，其中最重要的就是談話的技巧。若能把握各種談話方式，在各種交際應酬場合適當地運用，會讓口才更加出色，也能加深他人對自己的好感。

以下列出幾種常見的談話方式：

一、傾吐式

這是最強烈的情感和思想交流方式，它是以說話者對聽者的強大信賴為基礎，將自己的喜、怒、哀、樂以及種種打算與計劃

How to break
the heart of defense
021

全部告訴對方，讓對方幫忙評判這些想法。

在這種談話方式中，自己擁有說話的主動權，對方多半是被動地反應，他或許會受到激勵而奮發進取，或許能得到教導而悔過自新，或許會因此敞開心扉，伸出熱情的友誼之手。

二、靜聽式

與傾吐式相反，靜聽式是在被動中贏得主動，特別是在把握不了對方思路的時候，靜聽的方式能幫助自己爭取時間、理清頭緒。

靜聽不代表就是靜止不動，而是要隨著對方的情緒與談話內容，或點頭、或微笑、或做個手勢與面部表情表達自己的想法，並引起對方的注意，以引導談話的方向，對方也可以在這些簡單的示意中得到安慰或力量。

三、判別式

在交談中，抓住對方談話的空隙，恰如其分地插話，以表達自己的看法，這有益於促進思想與情感的交流。

值得注意的是，評判要適時、適度，如果粗暴地打斷對方談話或不負責任地妄加評論，只會損害自己的形象，造成往後交流上的障礙。

四、啟迪式

談話對象有伶牙俐齒和沉默寡言之分，因而交談方式也應有所區別。

若談話對象拙於言詞，就要循循善誘，多方面進行啟發，好讓對方吐露心聲。交談時，一定要注意用詞造句的柔和與婉轉，

或拋磚引玉、或旁敲側擊，切不可急躁從事、大放厥辭。

五、靈活式

在非正式的場合中，主題單一的談話是很少見的，多半是一些人聚在一起閒聊，沒有固定的題目和目的。鑑於這種情況，談話時要注意話題的轉換，並且透過不斷地變換話題，找出大家都感興趣的話題來談。在這類型談話中，千萬不可不顧他人興趣，只談自己有興趣的話題。

六、間休式

就像中篇小說要分章節一樣，耗費較長時間的談話也要注意間歇休息，因為體力上的疲憊往往會導致思維混亂，精力充沛則有助於談話的成功。所以在較長時間的會談中，要有適度的休息。

但是在間歇時，不要使氣氛變得尷尬或難堪，可以一同看看報刊、聽聽音樂、下下棋，這都能保持原有的融洽氣氛。

七、加強式

這是對判別式談話的補充。交談時，雙方可能都會說出一些不太成熟的想法，有不少人對此漠然看待，這實在不是正確的態度，因為有一些新奇獨到的主意可能因此被埋沒。

正確的做法應該是，密切注意對方提出的新觀點，同時多動動自己的腦筋，共同進行一番創造性思考。透過彼此交換意見的方式，使對方的觀點更加成熟、更加完善，從而使雙方都能受益。

How to break
the heart of defense
023

根據情境巧妙應答

在與上位者應答時，除了把握語氣恭敬的原則
外，回答內容要因應時間、場合、談話內容做改
變，不可千篇一律，才不致產生尷尬的場面。

曾在公車上聽見兩名女高中生在交談：

「我昨天碰見某作家耶！」

「才怪！」

「真的，他說下次要請我到他家喝咖啡。」

「真的嗎？」

「你覺得我該不該去啊？」

「算了，我覺得那是騙人的吧！」

從這一段談話中不難發現，雖然提出話題、開啟談話的是第
一位女學生，但若沒有另一位女學生適當的應和，這段交談也無
法如此順利。

在日常生活中的閒談是如此，在商場上的交談也是如此，適
當的應和會發揮極大的作用，能使談話雙方愉快，使交談順利進
行。

當然，上面的例子中，兩名女學生都沒有特意地應答，所以
會用「才怪」、「真的」等相當口語的說法。只是，這兩個詞語
或許適用於女高中生間的閒聊，但如果一個西裝革履的人，與人

交談中不時說出「才怪」、「真的」等語句，自然會被人投以異樣的眼光。由此可知，談話中要有適當的應和，首先必須考慮自己與對方的年齡和身分。

例如，假使對方是主管或長輩，則必須考慮他的身分地位與輩分，要以較恭敬的語句來回答他。若以「嗯」、「啊」等字眼來回答，會顯得相當不禮貌，應該以簡短有力的「是」來回答較適宜。語氣恭敬是對上位者的基本禮貌。

然而，也不能只回答一個「是」字，否則對方會誤以為自己被嘲弄，但若不斷稱讚對方「好厲害」或「真了不起」，也會引起對方誤解，以為你在奉承阿諛。因此，在與上位者應答時，除了把握語氣恭敬的原則外，回答內容要因應時間、場合、談話內容等做改變，不可千篇一律，才不致產生尷尬的場面。

許多人聽上司談話時，常沒有任何表情，只一味地點頭附和，這種應和方式頗值得商榷。因為聽者的表情和動作都對應和對方談話有很大的幫助，若是聽者毫無表情或反應，往往會帶給說話者很大的困擾。

當然，如果談話雙方彼此之間有生意上的利害關係，沒有表情可作為一項武器，讓對方看不透自己的想法；但在一般談話中，面無表情則會妨礙談話順利進行。在使用表情、動作應答時，與出聲音應答相同，均需審慎考慮對方的年齡、身分和地位，如此才能獲得對方的讚賞。

特別注意的是，與長輩或上司交談時，不宜僅以點頭或手勢應答，仍需以言語表示態度和意見，這種方式較為得體、禮貌。

How to break
the heart of defense
025

避開忌諱話題，使談話順利

交際應酬中的問話目的，是要引起雙方的興趣，以使交談順利、愉快，而不是要使任何一方難堪。

在交際應酬的談話中，要注意許多「忌諱」。

交談的話題若觸及這些「忌諱」，就會使場面變得相當尷尬，無法轉移話題時更使彼此難堪，若是對方脾氣暴躁一點，說不定還會因此翻臉。這樣的交際應酬不但無法帶來好處，還會使彼此關係變得惡劣。

例如，如果對方是同業，就絕不可問他的經營情況，因為每個人或多或少都有些「同行相忌」的毛病，況且營業情況更屬企業機密，所以若問同行業者的公司內部情況，實在是相當不明智的行為。

此外，若是跟對方提及另一個與他站在敵對立場的人或企業，也是不恰當的，這樣的話題易使對方誤以為你心存挑釁，容易引起紛爭。

還有幾個應酬談話中的「忌諱話題」是不可不知的，例如，不可問對方首飾的價錢，不可問對方的業績，不可問女子的年齡，不可詳問別人的家世，不可問別人用錢的方法，不可問別人工作上的秘密……等等。

　　曾有位成功的領導人說：「倘若我不能從任何一個見面的人那裡學到一點東西，就是我處世失敗。」

　　這句話相當發人深省。換句話說，應酬中的問話不僅可以打開談話局面、交流彼此間的情感，更可以藉此增加自己的見識。

　　問話是表示虛心、表示謙遜，同時也表示尊重對方的意思，一個肯坦白求教的人，最能取得別人的歡心。因而若對於一件事情不明白，就不妨放下身段、請教別人，自作聰明是最吃虧也愚蠢的做法。

　　但是要怎麼問呢？這問題也值得研究。

　　問話的方法有很多種，成效自有高低的分別。高明的問法使人心生喜悅，而愚蠢的問話只會令對方啼笑皆非，甚至產生反感。

　　還有，問話的內容也要詳加考慮，除了要避開種種「忌諱話題」，還要注意談話的場合與對方的身分地位。

　　總而言之，在交際應酬中，凡對方不知道或不願讓人知道的話題，都應該設法避免。因為，應酬中的問話目的，是要引起雙方的興趣，以使交談順利、愉快，而不是要使任何一方難堪。

　　要能令答者起勁，同時也能增加自己的見識，這才是高明的問話技巧。

How to break
the heart of defense
027

說「不」也要維護對方顏面

在拒絕別人請求時，態度一定要謹慎、真誠，
使對方了解你的苦衷。一次成功的拒絕，可能
會為將來的重新握手播下希望的種子。

　　在商場的人際交往中，為人所求時，說「不」還需要多花點
心思、多用點技巧，既要達到拒絕的目的又不能傷了和氣。

　　若是處理得不好，讓對方覺得你是在刻意刁難他，或是損及
對方自尊，那彼此間的交情也就斷送了。

　　一般而言，在拒絕別人的請求時，有以下幾點要多加注意：

一、顧及對方的自尊，為對方留下台階

　　人都是有自尊心的，一個人有求於人時，往往都帶著惴惴不
安的心理。在這種情況下，如果一開始就向對方說「不行」，勢
必會強烈傷害對方的自尊心，使對方不安的心理急劇增加，甚至
因此引發強烈的反感，從而產生不良的後果。

　　因此，不宜在一開口時就宜說「不行」，應該尊重對方的願
望，先說些關心、同情的話，然後再說明實際情況，說明自己無
法接受請求的理由，並表達自己無能為力的歉意。

　　由於事先說了那些讓人聽了產生共鳴的話，對方才會相信你
所陳述的情況是真實的，相信你的拒絕是出於無奈，心理上會較
接受自己被拒絕的情況。

在拒絕別人時，不但要先考慮對方可能產生的反應，還要注意措辭。例如，你拒聘某人時，如果悉數羅列缺點，會十分傷害對方的自尊心。應該先稱讚他的優點，然後再指出缺點，說明對方不適任的原因，如此對方自會心服口服，甚至感激你指出他需要改進的地方。

二、降低對方對你的期望

大凡對你有所請求的人，都是相信你能解決這個問題，對你抱有很高的期望。一般而言，對你的期望越高，越是難以拒絕。

所以在拒絕請求時，倘若多講自己的長處或過分誇耀自己，等於是在無意中提高了對方的期望，也加大了拒絕的難度。相反的，如果適當地說一說自己的短處，就會降低對方的期望，會較易於拒絕對方。

此外，若能抓住適當的機會多講別人的長處，就能自然地轉移求助目標。這樣不僅可以達到拒絕的目的，而且會使被拒絕者得到了一個更好的求助對象，由此產生的愉快、欣慰心情，將能取代被拒絕時產生的失望與煩惱。

三、儘量使拒絕的話語溫柔和緩

要拒絕對方時，可以連連說出場面話，使對方產生「可能被拒絕」的預感，讓他的心中有所準備。

若是在談判中拒絕對方，一定要講究策略。婉轉地拒絕，對方會心服口服；如果生硬地拒絕，對方則會心生不滿，甚至懷恨在心或仇視你。

因此，拒絕對方時，儘量不要傷害對方的自尊心，要讓對方明白你的拒絕是出於不得已，自己也感到很抱歉、很遺憾。

H ow to break
the heart of defense
❶❷❾

四、讓對方明白自己的處境

一般而言，一個人有事求別人幫忙時，總是只希望別人能滿足自己的需求，但往往不考慮自己給他人帶來的麻煩和風險。

因此，若能實事求是地說明利害關係和可能產生的不良後果，把對方也拉進來，共同承擔失敗的風險，讓對方設身處地去判斷現實情況。這樣會使提出要求的人望而止步，放棄自己的要求。

此外，在拒絕別人的要求時，若將鐵一樣的事實擺在對方眼前，那無論怎樣堅持自己意見的人，也不能不放棄自己的要求。

五、儘量使自己爭取主動，站在有利的位置上

不管怎麼說，拒絕別人的要求時，自己總是處在被動的位置上。因為，很難預料是誰、在什麼時候、會提出什麼要求，而且對方的要求一經提出，又得當面答覆。

不過，有些情況下，登門謝絕就可以使對方產生感恩心理，爭取到一點主動權。登門謝絕有三個好處，首先，自己以登門拜訪的熱情溫暖對方的心，因此對方被拒絕了也不至於感到傷心難過。

其次，既已表示願意為對方效微薄之力，但又肯不辭辛勞地登門拒絕，可見拒絕是出於力不從心，從而能得到對方的理解。

最後，登門拒絕能使自己由被動轉為主動，以求助的方式請求對方接受拒絕，不會傷害對方的感情。

特別是長輩對自己提出的請求，如不能接受，採取登門謝絕的做法是再好不過的了。

六、態度一定要真誠

　　拒絕總是令人不快。「委婉」的目的無非是為了減輕雙方，特別是對方的心理負擔，並非玩弄「技巧」來捉弄對方。

　　特別是領導者、長輩拒絕下級、晚輩的要求時，不能盛氣凌人，要以同情的態度、關切的口吻講述理由，使對方心服。

　　總而言之，在拒絕別人請求時，態度一定要謹慎、真誠，使對方了解你有不得已的苦衷。請謹記，一次成功的拒絕，可能會為將來的重新握手、更深層次的交流播下希望的種子。

How to break
the heart of defense
031

以平常心對待，談話就不會失敗

在與名人來往時，對待他們就要像對待平常人一樣。只要有了這種正確的觀念，自然就不會恐懼慌張。

與名人說話時，不要有害羞畏怯的心情，只要能真正表達出內心的意思，就能與任何名人開口說話。

有些人對名人只會一味地附和、奉承，這樣是不會令對方愉快的。其實，只要語氣誠懇，措辭和說話態度都得體合禮，他就會對你留下良好的印象。

要把名人視為一位有血有肉的人來對待，對他提出一些能夠表達感情的問題，但不要把他視為超人。他像任何人一樣，敵不過疲倦，也擋不住傷害，甚至可能比你更脆弱，而且與你一樣害羞。不要認為名人真的就如藉以出名的職業或形象一樣，事實上，雖然許多名人向公眾傳遞出信心、睿智、仁慈、滑稽或性感等形象，但那往往是裝扮出來的。

當你同時應付兩位名流時，不要只顧著你所敬仰的那一位，而置另一位於不顧，這會使他們兩位都不自在。

此外，如果你想持續和他們交談，那你必須保證話題是他們二位都能參與的。

在這類交際場合中，即便你對某一位名人並不熟悉，而且在

經過介紹之後仍想不起任何與他有關的事蹟，你也不能對他有所怠慢。必須一視同仁，對所有名流表達出同樣的熱情和友善。

不喜歡說話的名流，包括外貌滑稽而似乎容易親近的喜劇演員在內，他們在舞台上已經笑到了極限，因此在真實生活中，往往再也無法發揮幽默了。

作家、詩人、畫家、音樂家等等從事創作性工作的人，雖不大喜歡說話，但這些人往往對政治乃至於宗教各種方面都有廣泛的興趣。他們在社交場合中也許不太活躍，但多有啟發人們思想的獨到想法。

因此，想和這些人談話必須有耐心，不要輕易動怒，也不要太熱情，保持溫和、冷靜和體貼的態度。

名人們也有自己私人的嗜好。比如有的名流很關心學校教育，他們可能有些百年樹人的改革大計；還有的名人會利用業餘時間鑽研某一人物。若事先知道這些消息，可以預先做點談話內容的準備。如果對方是位知名度很高的名人，那麼，你可以向有關方面的人多加打聽。

名氣普通的名人總是生活在情緒不穩定的狀態中。內在的恐懼，使他們特別脆弱敏感，別人稍有怠慢就會激怒他們，他們也容易顯得傲慢。然而，他們絕對需要你的尊重和順從，而且名氣越小，對於親切、尊重的需要也就越大。

對待褪了色、過氣的名人時，最好採取迂迴戰術接近他，彼此間的開場白應當是積極的，儘量避免消極的開場白，例如「你最近空閒下來是怎麼打發時間的呀？」或「很久沒有見到你在公眾場合露面了，你去哪啦？」或「這麼久沒有在舞台上露面，會不會覺得無聊呢？」

How to break
the heart of defense
033

這些話等於當頭潑他一盆冷水，也可以預見接下來的談話不會多愉快了。

在多數情形下，與名人談孩子是不會錯的。

你可以問對方有幾個孩子？多大了？孩子讀的學校好不好？教學方式如何？如果你也當了爸爸或媽媽，那麼，你就更具備和他們談論孩子的資格。

但是，對於這類話題還是要多加小心，不要將話題扯得太遠，不要顯得在挖掘對方隱私，要適可而止。

在與名人來往時，最重要的就是不要忽略了他們也是人這一點，對待他們就要像對待平常人一樣。他們也有歡樂、有悲傷、有缺點、有怨恨、有驚恐，是和平常人一樣有感情的，並不因為有了地位就不再是人。

只要有了這種正確的觀念，那在與大人物打交道時，自然就不會恐懼慌張了。

善用「公關」打造良好形象

公關語言除了要優美生動，還必須傾注真摯而
充沛的感情。只有心中裝滿誠摯的感情，說出
來的話語才可能感動人心。

　　所謂「公關」，就是指與形形色色的人打交道。最重要的，
就是要透過種種方式、手段，加強自己在公眾面前的良好形象，
因此，「公關技巧」可說是每位領導人不得不研究的一項學問。

　　一般而言，公關語言的藝術性主要體現在以下六個方面：

一、幽默的力量

　　幽默是一種藝術，可以用來增進自己與他人、組織和公眾之
間的關係。使人從令人發窘的問題中或尷尬的時刻裡脫身，化陰
暗為光明、化干戈為玉帛。

　　據說，某位企業領導人到香港創辦新公司之時，由於他的投
資行為受到各方重視，因此一下飛機就有大批記者要採訪他。其
中一位香港記者毫不客氣地問：「你這次帶了多少錢來？」

　　這名領導人一見發問者是位女士，便答道：「對女士不能問
歲數，對男士不能問錢數。小姐，妳說對嗎？」

　　一句話即迴避了問題，又具有幽默感。比起支支吾吾地掩飾，
或是擺起架子、板起臉孔地拒絕回答問題，這種善用幽默的回答
方式不知強了多少倍。

How to break
the heart of defense
035

二、豐富的辭彙

公關語言要運用準確生動、富有表現力的辭彙，這樣可以激發公眾的熱情、喚起公眾的想像，並得到公眾的信賴。

因此，公關人員必須掌握大量的辭彙，善於運用同義詞、近義詞的轉換，能嫻熟地運用專業詞語、成語、俗話。當然，這些知識要靠平時廣為蒐集、認真儲存，這樣到了需要運用詞彙時，這些知識就會源源不斷地湧入腦中，信手拈來、隨意脫口而出，就能增加語言的風采。

三、形象的修辭

公關人員還必須熟練地掌握和運用各種修辭手法，以增強語言的具體概念。

貼切的比喻能啟發別人的聯想與想像；適宜的設問、反問能引起他人的好奇心；流暢的排比能激發公眾的熱情；適時的反覆和強調能加深他人印象，產生更好的效應。若能善用種種修辭，就能使大眾對你所要傳達的內容印象深刻。

四、變化的句式

為了加強表達效果，還須注意句式的變化。

在公關活動中，可用單句，也可用複句；可用陳述句，也可用感歎句；可長短句交錯，也可倒裝、前置。句法參差不同，才能加強語句的強度與活潑性。

五、和諧的節奏

說話時，要注意音量、音質、音色，若是頻率過高，會使聲

音刺耳,惹人不快;若是頓率過低,會令人沉悶欲睡。

說話語調要有抑揚頓挫、高低起伏,才能吸引聽者的注意力與興趣。

六、真摯的感情

公關語言除了要優美生動,還必須傾注真摯而充沛的感情。有句話說:「只有在心中裝滿了蜜,口中的言語才會甜。」以此類推,只有當心中裝滿誠摯的感情,說出來的話語才可能感動人心。

公關語言除了具有以上這六個特點之外,由於公關語言多半帶有一定的目的性,因此必須遵循以下這五項原則:

一、通俗易懂原則

公關詞語首先要讓人聽得懂,因此忌用一些冷僻、晦澀的詞語,否則會造成溝通和交流上的障礙。

明朝人趙南星寫的《笑贊》裡有這麼一則故事。一秀才買柴時說:「荷薪者過來。」賣柴者因「過來」二字明白了秀才的話,就把柴擔挑到他面前。秀才又問:「其價如何?」賣柴者因明白「價」這個字,於是說了價錢。但秀才又說:「外實而內虛,煙多而焰少,請換之。」賣柴者不知秀才在說什麼,便挑擔而去。

這則笑話中的買賣過程,也可看作是公共關係中的口語交往過程,因選用的詞語不通俗,對方聽不懂,所以這些話語無法達到溝通的效果。

二、典雅原則

公關話語要通俗易懂,但並非是要用俚俗、粗鄙的詞語。

How to break
the heart of defense
037

公關人員的談吐和言語格調會直接影響他所代表的組織形象，因此應選用典雅的詞語，以給對方良好的印象。比如，「有空再來看看」就不是適當的公關語言，應該說「有機會的話，歡迎再次光臨」。

三、詞語色彩中性化原則

在公共關係交際中，一般應採用不強調褒貶的中性詞語，以縮短自身與公眾間的心理距離，好達到溝通的目的。比如宣傳產品時，既不應貶低其他廠商的同類產品，也不能「老王賣瓜」地自賣自誇，否則會引起公眾的反感。

四、恰如其分原則

說公關話語時，要把握好遣詞用句的分寸，不要過分，防止語意走向極端。例如，適度的讚美可使對方愉悅，但過分了，只會適得其反。

把握要領，成功安慰人心

受到不幸和挫折的人，往往會沉溺於一時的悲
痛之中無法自拔，看不到光明的前途。此時，
最重要的是通過積極鼓勵，給他信心和勇氣。

在人際交往中，不合時宜的安慰話語會令對方不愉快，會因
此破壞了彼此間的情誼；相反的，適當的安慰話語能使對方感到
溫暖、窩心，因此對你心生好感，彼此的情誼也能加深。

安慰人心需要掌握以下四大要領，才能達到良好的安慰效果：

一、要同情，不要憐憫

一個人遭遇挫折和不幸的時候，十分需要人們的同情。同情
是人世間十分寶貴的感情，真誠的同情不僅能使不幸者痛苦、沮
喪的消極情緒得以宣洩，而且有助於消除對方心理上的孤獨感，
並增強他戰勝困難的信心。

二、要真誠地開導對方，不要擺架子教訓人

一個人苦惱憂傷的時候，非常需要別人給予他真誠的開導。
所謂真誠，就是要詞真意切、情感真摯，千萬不可浮誇做作。

此外，在這種情況下，對方需要的是開導而非教訓，若是擺
起架子訓話，即便說話者是好意，所說的內容也都正確、對對方
有益，對方也很難聽得進去，甚至會因此惱羞成怒。

How to break
the heart of defense
039

三、要積極鼓勵，不要消極埋怨

受到不幸和挫折的人，由於一時無法擺脫消極情感的束縛，往往會垂頭喪氣、消極悲觀，沉溺於一時的悲痛之中無法自拔，看不到光明的前途和幸福的未來。

此時，最重要的是設法透過積極的鼓勵，給對方信心和勇氣，讓他在困難的時候可以看到光明的前景。

若是在安慰對方時，也跟著對方一起消極地埋怨，使人陷入更低落的情緒，就無法達到安慰的效果。

四、要選擇恰當時機給予安慰，不要事過境遷才安慰

安慰的話要在適當的時候說，若是對方遇到突發的意外事件，如生病、親人突然去世等等，要注意及時給予安慰。

事過境遷後才安慰對方，不僅失去意義，還會使對方已經平復的心靈重新勾起傷心的回憶，這是很不妥當的做法。

若是想要給予遭受失敗與挫折的人安慰，就要選擇對方最敏感、最易動情和傷感的時候來安慰與鼓勵。

這樣對方會更加感動，安慰的效果自然也就更好了。

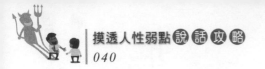
道歉是挽救關係的最佳辦法

若是犯了錯，就要盡快道歉、勇於道歉，這是
彌補自身錯誤、挽回彼此關係的最佳辦法。千
萬別因羞於開口道歉，使彼此關係更加惡化。

　　在交際應酬的場合中，即便說話行事再小心，也難保永遠不
會犯錯或是不小心冒犯了對方，因此，人人都應該學會道歉。誠
心的道歉不僅可以彌補破裂了的關係，甚至還可能因此增進彼此
的感情。

　　道歉的方式有許多種，最常見和需要注意的地方有以下幾點：

　　一、如果自覺說不出道歉的話，可以用別的方式來代替。

　　例如，一束鮮花與小卡片可使前嫌盡釋；把一件小禮物放在
對方的位置上，可以表明悔意……等。即便道歉的話說不出口，
只要多發揮一點創意，一樣能用替代的方式獲得對方原諒。

　　二、切記道歉並非恥辱，而是真摯和誠懇的表現。

　　大人物有時也得道歉，像英國首相邱吉爾起初對美國總統杜
魯門的印象很差，但他後來告訴杜魯門說自己以前低估了他，向
他表示歉意，而他的坦白與誠懇的道歉也贏得杜魯門的好感。

　　三、應該道歉的時候，就馬上道歉，越耽擱就會越難啟齒。

　　四、如果自己沒有錯，就不要為了息事寧人而去道歉。

　　這種做法對任何人都沒有好處。同時要分清「深感遺憾」和

How to break
the heart of defense
041

「道歉」這兩者之間的區別,有些事可以表示遺憾,但不必道歉。

五、有時候光是嘴裡說「對不起」是不夠的,還要附上書面的道歉信。

寫在紙上的比嘴裡說的更有分量。因此必要之時,可以寫一封道歉信給對方,好表達自己由衷的歉意。

六、要給對方發洩心中不快的機會。

讓對方罵你,將心中的怒氣發洩出來,這是挽回情誼的好辦法。否則若將不滿堆積在胸中,會使對方的怒氣長久不散,這就很難與對方重修舊好。

七、有時要刻意誇大自己的過錯。

因為,犯錯者越是誇大自身的錯誤,對方越會覺得你確實有悔意,也就願意原諒你犯下的錯誤。

八、多採取具體的補償行動。

像是送點小禮物給對方、請對方吃飯等都不失為一項好辦法,具體的行動更能表現出自己的誠意。

九、在道歉時要讚美對方心胸寬大。

因為多數人受到這樣的讚美之後,都會不好意思再追究下去。

總而言之,若是犯了錯,就要盡快道歉、勇於道歉,這是彌補自身錯誤、挽回彼此關係的最佳辦法。千萬別因羞於開口道歉,使彼此的關係更加惡化了。

改變稱呼方式就能改變彼此距離

若想改變自己與對方之間的距離，不論是想拉
近彼此的關係或是要疏遠對方，改變稱呼方式
都是有效的做法。

俄國傑出哲學家、作家赫爾岑曾經說過：「生活中最重要的
是要有禮貌，它比最高的智慧、比一切的學識都還重要。」

此話雖有些偏頗，但禮貌確實是所有參與社交者必備的基本
美德之一，我們應高度重視「禮貌」的作用力與影響力。

想和不熟的人進一步接觸時，叫對方名字可說是最直接、有
效的辦法。受員工愛戴的董事長或是受學生喜歡的老師，多半都
是善於記下對方名字的人，這也是集體面試時，必然會遵從的原
則。

集體面試是就業考試時，常用來面談的一種方式。這時候，
負責面談的這一方，由一個人負責對五六個人面試，幾位應徵者
以圍繞面試者的方式坐下，應徵者前面會放置寫上名字的牌子。

在這種場合中，面試者在提問時，必然會叫對方的名字，像
是「某先生，對於這一點你覺得如何？」「某先生，你的意見如
何？」「某先生，以你的立場而言，你覺得應該怎麼辦？」等等。

被叫名字的應徵者會覺得自己和面試者之間的距離縮短，所
以能輕鬆說出自己的想法。以這種方式瞭解應徵者的內涵，即是

How to break
the heart of defense
043

集體面試的目的。

那麼，若要把這種心態應用於拒絕對方請求時，又該怎麼做呢？

通常和對方的心理距離越接近，就越難開口說「不」，因此若想拒絕對方，就不要直呼對方名字。

另外在商場上，對於初次見面的人，通常會互相交換名片，大多數人會把新拿到的名片放在眼前，這也是一種禮節。這樣在接下來的談話中，就能稱呼對方的名字，讓談話進行得更順利。

相反的，若是你不喜歡對方，不想讓這個人接近自己，不想跟對方展開談話，那就不要接受對方的名片。要是已經得到對方的名片了，也不要看名片內容，如此才能有效地拒絕對方。同時，要以「那位先生」等不叫名字的方式來稱呼對方，以此來維持自己與對方之間的距離，這樣一來，對方多半會知難而退。

總而言之，在商場的人際交往上，若想要改變自己與對方之間的距離，是不是直呼其名會產生很大的影響。

不論是想拉近彼此間的關係，或是要疏遠對方，改變稱呼方式都是最直接又有效的做法。身為企業領導人，不可不明瞭這一點。

2.

加深印象，
更有說服力量

想要讓自己說的話更有說服力，
務必要使語意生動明晰，
才能深深打動聽者的心，
進而獲得不同凡響的效果。

注意語調，把話說得更好

「一句話能讓人捧腹大笑，也能讓人聽得暴跳如雷。」同樣的一句話，會引起哪種反應，全掌握在說話人的語調和方式。

　　觀察身邊的朋友，我們也許會發現一個現象：有些人不管走到哪裡，融洽氣氛就跟著到哪裡，總能給人一種「如沐春風」的感覺。

　　這種人縱使處於充滿火藥味的場合，也能讓說話聲調成為最佳的緩和劑，鬆弛劍拔弩張的緊張氣氛。在應對上尤其如此，藉合宜的語氣引起對方的快適，不知不覺之中就附和了他的主張，達成共識。

　　日本演說家德川夢聲先生，在《演講術》中記述了一則故事：

　　有一位歌舞演員，在一座劇場舞台上表演時，突然觀眾席上有人對著他大喊：「蘿蔔腿！蘿蔔腿！」

　　只見這位蘿蔔腿的演員不慌不忙，面不改色，用一貫的腔調唱道：「蘿蔔腿是哪一個？」

　　那位觀眾立即不甘示弱，還以顏色說：「是我，是我！」

　　這位演員立刻幽他一默，笑道：「原來你是位蘿蔔腿！」

　　全場觀眾哄堂大笑，掌聲不絕。

　　這位蘿蔔腿演員，不但因此逃脫了「蘿蔔腿」的封號，還因

自己的機智和幽默，成了最受歡迎的名伶。

由此可見，言談間的聲調和說法，確實很重要。有句俗話說得好：「一句話能讓人聽了捧腹大笑，也能讓人聽得暴跳如雷。」同樣的一句話，會引起哪種反應，全掌握在說話人的語調和方式。

曾風靡一時的一代尤物瑪麗蓮夢露，擁有美麗的臉龐、迷人的身段、白皙的肌膚、修長的玉腿，再加上充滿性感、令人心動神搖的美臀，任何人見了都會深受吸引，終身難忘。

但是，心理學家認為，她最能顛倒眾生的特質，在於迷人語調。瑪麗蓮夢露的談吐有種餘音繞樑的效果，嗲聲嗲氣中隱藏可以支配他人的魔力。

想要學習說話技巧的人，應在聲調上多下點功夫。迷人悅耳的聲調可以幫助增進人際關係，不僅使朋友願意親近你，更可讓上司樂於採納你的意見，下屬願意執行你的命令。

德國著名的心理學家朱利安‧佛斯特在《行為語言的奧秘》一書中，曾特別指出母音的重要性。

例如，法國大革命時，巴黎民眾呼出的口號是：「走啊！走啊！把貴族們吊死在街燈上啊！」

就憑著語尾韻母的魔力，促使百姓成群結隊地加入革命行列，推翻波旁王朝的統治，能不令人感到訝異嗎？

朱利安‧佛斯特更分析希特勒的演說，並提出疑問：究竟是什麼力量，驅使成千上萬的德國人，如同著魔一般，引發第二次世界大戰？

希特勒的演說內容，並無精采出奇之處，但是同樣的一句話，由他嘴裡說出來，卻能扣住每名聽眾的心，讓群眾心甘情願跟著

走，在不知不覺中成為他利用以達成野心的工具。

不止希特勒一人，縱觀歷史，著名的演說家都是如此。一篇具價值的學術講述能否傳世，取決於演講者演說時的語調、聲音，如果能夠吸引聽眾的情念心理，引起共鳴，就是成功的。成功的政治家、軍事家的演說，說服群眾的關鍵，往往在於音調，而非內容。

在我們日常生活所使用的語言中，慣用口音大都含有仰慕、讚嘆、認同的意味。喝采的時候，我們會發出「喔！喔！」的聲音，辭窮時，則「嗯……」地拖著音，英語中的「Y」和「I」也表達了類似的感情。這些音大都是人類最初的發音，裡頭蘊藏了豐沛的感情。

想成為比希特勒更出色的演說家，必須加以善用。

由於口音和語調上的差別，兩句話的內容縱使全部相同，仍可能給人迥然不同的心理感受。

所以，同樣一句話，女朋友說出來，使你飄飄然，若換成上司講，你說不定會生一頓悶氣。

與朋友相處時，想說服別人時，如何藉著合適的語言音調來表達自己的感情、心情、思想，是一門很大的學問。

How to break
the heart of defense
049

沉默是最巧妙的「訴說」

沉默其實是最巧妙的「訴說」，沉默製造的效果，絕對不可等閒視之，大可以運用到日常生活的應對裡。

　　無論是演說也好，集會時發表意見也好，與會者必定不在少數，讓自己的「話」真正被別人聽見、聽懂、被接受，才是與會的最終目的，因此不可免地必須運用一些說話技巧。

　　要使談話能收得效果，重點在於喚起聽話者的注意力，使自己「說」出的話深印在對方的腦海中。

　　有一位雄辯家，上台演說時總是會將音量放小。如果發覺聽眾中出現騷動、不寧、混亂的狀況，他不僅不會提高音量，企圖壓制雜音，反而會降低聲音，甚至變成喃喃自語，彷彿只有嘴唇仍在翕動，幾乎讓人聽不到演說。

　　這麼一來，聽眾立刻會驚覺到不對勁，瞬間，會場就會恢復原有的平靜，於是，他便從容不迫地恢復了常態。憑藉這項演講要訣，使他聞名於世，在知名演講者中佔有一席之地。

　　雖然上台開口乃是理所當然的事，但如果站在台上仍然緊閉著嘴，或是站起來遲遲不說話，人們就會因為演說者的異常表現，激起特別注意。用沉默製造訴說的效果，這便是成功的演說者在

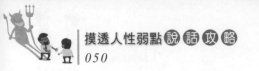
大眾前經常使用的利器。

　　哲學家西田幾多郎，讓愛好哲學的日本青年尊如神明。他每次登台演講，總是先靜靜地站立幾分鐘，眼光四掃，直到全場鴉雀無聲，幾乎落針可聞，然後才開始闡述自己的哲學精髓。這項拿手絕招，使得言者諄諄，聽者絕不藐藐。

　　日本有位著名的演員尾上菊五郎，曾搜集演說詞編輯成冊，收錄成《藝》一書，心理學者都認定那是一部趣味無窮的作品。

　　其中，有段關於「沉默的效用」的故事，劇情是這樣的：

　　一個反派角色設計殺人越貨，開始點數五十兩贓款，以清脆嘹亮的聲音唱數著：「五兩、六兩、……十五兩、十六兩……」到了四十九兩時，突然停下來不數了。台上無聲，台下自然也跟著寂靜下來，觀眾們都屏息以待，一顆心被懸宕在半空中，等到「五十兩」好不容易被數出來，觀眾們才跟著長長地吐出一口氣。

　　這一聲「五十兩」有些刻意，卻能夠牢牢地扣住觀眾的心。那般氣氛與情景，從應用演說的角度來說，是空前的成功。

　　由此可見，沉默其實是最巧妙的「訴說」，沉默製造的效果，絕對不可等閒視之，大可以運用到日常生活的應對裡。

How to break
the heart of defense
051

以穩重聲線穩定場面

以穩重的姿態應答，將在不知不覺間，強制更改對方激動的語調。如此才能化戾氣為祥和，順利解開誤會，甚至轉敵為友。

　　許多語言學家都強調，想把話說進對方的心坎裡，無論問話或答話，都應該保持著冷靜沉著的態度，因為在這種心態下，才能夠以低沉穩重的語氣說話，而這正是一般人比較容易接受的聲音與方式。

　　美國海軍和克尼庸大學的語言研究社，共同做過一項研究，在艦艇上以內部傳聲裝置進行試驗。結果證實了，發問者的聲音越大，回應者的音量也會跟著放大，也就是說你不客氣，我也不客氣；你的聲音大，我就要比你更大。

　　說話也是如此，當對方一開始就以高昂強硬、亢奮激動的口吻說話，自己的回答就必須越發保持低沉穩健，否則無法繼續下去。

　　耶魯大學心理學教授卡魯博士，曾經以各種不同的談話模式，來測試學生們的理解程度，結果證明了一個道理：低沉穩重的語調，比起亢奮、熱情，甚至帶有脅迫、煽動性的言辭，更容易被學生們接受。

　　鈴木健二從前是日本NHK廣播電台的知名播音員，後來將累

積了二十餘年「口語生涯」經驗，撰寫成《用心交談》一書，其中有句警語說道：「若想把自己的想法、意見，成功地傳達給對方，就要將彼此眼觀眼之距離保持在三十至五十公分，這是最適切理想的。但是，還有一件事必須特別注意，就是說話的聲音，必須比平常低一半。」

「低一半」當然不是非常科學的說法，低七個音階也不容易被一般人了解，只能解釋成聲音要放低，低到平時說語調二分之一的程度。用「低一半」的方式對付情緒激動、來勢洶洶的人，最容易產生抑壓的效果。

和別人談話時，我們偶爾會操之過急，急欲表達自己的意見，不等對方的話告一段落，便倏然打斷。受到急於表達己見的心態影響，會在不知不覺中提高自己說話的音調，一改原來低沉、具有說服力的聲調，最後一路失控，變成潑婦罵街、相互謾罵了。

有效運用以聽者為主體的姿態，也能夠產生驚人的效果。

一位出版界的主管說話總是慢條斯理、低沉穩健、細聲細調，如果不豎耳傾聽，絕對不知道他到底在說什麼。但是聽話的人會因此全神貫注地聆聽，並在不知不覺當中贊成他的主張。

制服高音調的最好方法，是先冷靜下來，以低沉穩重且極其肯定的語氣和對方交談，如此才能化戾氣為祥和，順利解開誤會，甚至轉敵為友。

以穩重的姿態應答，將在不知不覺間強制更改對方激動的語調。如果對方一開始便放大嗓門高談闊論，自己也不服輸地針鋒相對，對話勢必會陷入水火不容的困境當中，對雙方都沒有幫助。

How to break
the heart of defense
❶❺❸

言語尖銳，讓不受歡迎的人知難而退

使用對感情交流正常發展有負面影響的詞，只有百害而無一利。但如果希望討厭的人自動離開，不妨多用些刺耳的詞吧！

　　勉強自己和一個討厭的人來往，不僅沒有意思，也浪費時間。

　　但若要你拿出勇氣來，當面和對方攤牌：「我不想再看到你，你別再找我好嗎？」卻又感到太不留情面，很難說出口。

　　這時候，只要採取下列方式，便能夠若無其事、輕輕鬆鬆地把他們打發。

　　例如，面對一再登門拜訪的推銷員，不妨這麼說：

　　一、謝謝，但我不想要。

　　二、不必了，謝謝。

　　三、價錢太高了，買不起。

　　四、我現有的已經夠用了。

　　日本商業專家森本厚吉在他所著《說話法經緯》一書裡，認為以上這四句話當中的任何一句，都足以成功地拒退推銷員，使他們知難而退。

　　如果把這四句話稍加變化，進一步用於人際的交往過程中，便能夠在日常生活裡應付自如。

　　那麼，應如何變通呢？

可採用的句式如下：

一、我一點也不想聽你說這些話。

二、這些話對我沒用。

三、以後再說吧！

四、那種事我早就知道了。

這四句話中，以第一句最具效果，但必須視時視地、因對象妥善運用。它們雖不致於讓對方狼狽不堪，但必會知趣地自找台階下。

再更進一步來說，當我們討厭一個人，想要趕走他，卻又不能直接挑明了說，就該聰明地利用說話技巧達到目的。

● 應用非情感交流詞語

優秀的小說家、劇作家、作家、作詞者們，簡直就是「語言魔術師」。經過他們安排的巧妙台詞，總能充分描寫出場人物的心理狀況，並帶動情節發展，技巧之卓越，實在令人讚嘆。

可是事實上，當你在看一齣戲時，只要稍加留心，必定會發覺在某個特定的場合，會出現特殊的話。

舉一個明顯的例子，酒家女、舞女在和她們的恩客話別時，幾乎都是千篇一律地說：「好啦！反正像我這種女人，怎麼能夠和你攀上交情！」

不仔細分析這句話，絕對想不到諸如「好啦」、「反正」等輔助詞，雖然沒有實體意義，卻能產生舉足輕重的影響。

這都是些違逆人與人情感交流的「非感情交流用語」，當然，這類用語數量不少，並非僅有這幾個。

上述這些話對於感情交流的正常發展，百害而無一利，但能發揮「非常效果」。因此，如果希望討厭的人自動離開，不妨多

How to break
the heart of defense
055

用些刺耳的詞吧！

● 打岔

無預警切斷別人的話，殺傷力極大，畢竟再沒有比正滔滔不絕地講話時，突然被人打岔，更令人感到惱火的事情了。

一位善於此道的人，必定是這樣的：當別人高談闊論，漸入話題軸心，立刻瞄準了關節處打岔：「是那樣嗎？」

接著，便是一連串無關緊要，無關痛癢的廢話。

這當然有礙於交際往來，可是用它來逃避惹人厭者，卻能屢屢奏效。

有位家庭主婦運用這個方法，可說到了出神入化的境界。當她不想聽人囉唆，或想拒絕登門拜訪的推銷員時，便會在對方講得正起勁時，很不客氣地說：「對不起，我要上一號。」

可想而知，如此重複兩三次之後，對方就沒有繼續講下去的興致了。

連續使用附和語，也是中斷談興的好方法：

一、強硬地切斷對方的主要講題：「這是什麼」、「請再說一次」、「請等一下」……等。

二、轉換對方的話題：「是那樣嗎」、「話不能這麼說」、「難道沒有例外嗎」、「有時候」……等。

無論在任何場合，若能把上述列舉的話，每隔五、六分鐘便用上一次，保證發揮神效，可以讓討人厭的推銷員、喜歡在你面前嘮叨的人受到某種程度的打擊，乖乖地離開，不敢再繼續大發厥辭。

　　要讓女人離自己遠一點，又該怎麼做呢？

　　風流的美國男人之間，相傳著這麼一句話，專門用來對付一夜情的女性──「妳打嗝的味道真難聞！」

　　此話一出，成功率高達百分之百，那位和自己有「一夜之緣」的女性必定會又羞又怒地甩門離開。

　　當著異性的面，男人們通常都像個紳士，說話用詞極為小心謹慎。可是，一旦所處的場合沒有女人，便會像變了個人似的，髒話滿天飛。

　　他們當中，絕大多數都相信一句話：「女人允許你背地裡做髒事，但絕不能當她的面說髒話。」

　　由此看來，我們可以知道，絕大多數女性對於生理上的用語相當敏感，很怕聽到別人當面說出來。

　　如果有人當面提出的話，那場面真會讓女性感到不知所措，難堪到極點，恨不得鑽進地洞裡去。

　　說些不客氣、較尖銳的話，是讓討厭的人離開自己的好方法。當然，仍需掌握一定的尺度，以不過份汙辱人為原則，這點必須謹記。

How to break
the heart of defense
057

說話不得體，傷害的將是自己

想法和行為必須要一致，如此才能夠帶給別人
和諧的感覺，也們才會願意聽你把話說完。

　　討厭一個人，並不一定需要在言辭上聲色厲疾，大聲吆喝，
很多時候可以使用「口是心非」戰術，表明自己的不快。

　　有一位出名的花花公子，每次打算與同居的女子分手，總是
這麼說：「我喜歡妳，妳真是個好女人。」

　　口頭上雖然濃情蜜意，表情卻是冷冰冰的，對方聽了就明白
這段關係該告一段落，必須悄然引退。

　　日本知名作家吉行淳之介，對於由「口是心非」戰術引起的
不愉快，有一個比較突出的解釋：「所謂的不愉快，並不是當你
蹲在廁所裡方便時，被一位妙齡女郎猛然推開門的那種錯愕，而
是當你孤單一個人投宿旅館時，聽見一陣敲門聲，接著走進來一
位類似應召女郎的妖艷女子。她雖然連聲說：『對不起，對不起，
我走錯房間了。』可是卻一直賴在房裡不走，那才是真正的不愉
快！」

　　運用「口是心非」戰術，就在於造成強烈不快感受。

　　這無異是一種內在和外在的相互衝突，足以引起對方精神上
的震驚和不悅，並造成效果長遠的震撼。

　　當有聲的語言和無聲的想法相互矛盾，便是種不誠實的行為，女人最討厭面對這種態度。對於女人，應用此類戰術多能奏效，幾乎萬無一失。

　　但是這方法不能過度使用，用多了會讓自己迷失本性，等到人人都以為你就是這種人時，必會受到大眾唾棄。

　　《推銷員須知》的第一章，開宗明義地說：「說話時要不斷注意自己的聲音，聲音如果太小，客人聽不清楚，如果太大聲，說不定客人會把嚇跑。」

　　這也正提醒我們想法和行為必須要一致，如此才能夠帶給別人和諧的感覺，他們才會願意聽你把話說完。

　　語言的心理戰術，要善自為用，更應得當使用，如此才能夠幫助你打好人際關係，成大功、立大業。

　　切記，如果使用得不得體，將足以完全毀掉你自己。水能載舟，亦能覆舟，說話之前，少不了謹慎三思。

How to break
the heart of defense
059

善用視覺性談話，言語魅力更大

說話的時候，不能使聽者產生視覺性的想像，那麼無論使用的詞藻有多麼優美，也難以讓人動容，更遑論留下深刻的印象。

很多人失敗，並不是敗於實力不濟，而是不知道運用「語言」這項利器，不知道如何看穿對方的心思，不知道什麼時候該說什麼話。

為了增強說話效果，除了運用腔調，也可以嘗試採用「視覺性談話」。

《成功講話術》的作者戴爾‧卡內基是位享有盛名的天才演說家，據說年輕之時曾有一段趣事。

大學畢業後，卡內基便進入一家運銷公司上班，每天必須隨著貨車在南達科他州四處巡視推銷。有一天，他路過不是由他的公司負責經銷的雷脫菲魯特城，決定於此稍做休息。

由於一路的生意清淡，卡內基感到十分憂慮，便揹著手在廣場上踱步。

意想不到的事情發生了，走著走著，突然靈感乍現，他想起了莎士比亞四大名劇之一《馬克白》（Macbeyh），一剎那間渾然忘我，以棍當劍，當街表演了起來：「啊！劍啊！我看見一柄短劍，它正刺向我。啊！劍啊！逮住它！阻止它！千萬別讓它靠

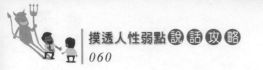

近我，碰著了我人……」

正當又唱又舞，自我陶醉、渾然忘我時，一名交通警察突然出現，一把捉住他，大聲喝道：「幹什麼？光天化日之下竟然恐嚇行人，難道你想搶劫？」

一語驚起夢中人，卡內基被這名警察喊醒，立刻連聲道歉，說明原委後，好不容易才得到諒解，免去罰金。

原來是遠在百碼以外，站在自家窗口觀望的一位婦人通知警方。距離這麼遠，她當然聽不見卡內基在嚷些什麼，只因為他的表情令人心驚，動作讓人害怕，她就決定報警了。

由這段軼事可以證實一件事，視覺能支配講話的內容和音調。

許多心理學者還認為，人們獵取知識的方法，其中有八十五％都是靠著視覺的幫助，從而得到收穫。

歷史上的知名演說家，無不深知箇中奧妙，描述事情時，經常加入視覺上的比喻，以加深聽者的印象。

例如，美國第十任總統林肯，每次遇到冗長又枯燥的報告時，總會說：「選購一匹良馬，你無須細數牠的鬃毛有多少，最重要的一件事，是確認牠是否具備日行千里的能力。」

林肯相當重視說話的視覺性，想要把話說得更巧妙，這點更加必要。

說話的時候，若不能使聽者產生視覺性的想像，那麼無論使用的詞藻有多麼優美，也難以讓人動容，更遑論留下深刻的印象。

How to break
the heart of defense
061

加深印象，更有說服力量

想要讓自己說的話更有說服力，務必要使語意
生動明晰，才能深深打動聽者的心，進而獲得
不同凡響的效果。

　　心理學上有所謂「意識化的法則」，意思是指：如果想要刻
意加以否定或抑制，我們對某一事物的觀感、意識，在心理上必
然會先感受到抗拒力。

　　有一種「反轉圓形」的小遊戲，相信很多人都玩過。

　　在一張黑紙上印上幾個白色冠軍盃的圖形，接著將它急速轉
動，只要一直盯著它看，就會看到上面不只有冠軍盃，還浮現兩
張相對的面孔。當然，這並不是實象，只是物與背景快速轉動所
顯現出來的幻象。

　　以黑襯托白，白將顯得更白。將這道理運用在說話技巧上，
便要懂得以否定表達更強烈的肯定，描繪出更深刻的印象。

　　「以否定表示更強烈的肯定」，若是運用得當，成效相當好。

　　有家香煙廠商製造的產品特別長，但在廣告上卻強調長香煙
的不方便，結果產品的知名度因此提升，銷售量也直線上升。

　　某位高中生第一年考大學不幸名落孫山，第二年也榜上無
名，經過第三回的努力，好不容易金榜題名，心中欣喜異常，立
刻打電話回家告訴母親，但卻故意壓低嗓門說：「媽媽，我的成

績不太理想！」

　　母親聽到那種聲音，緊張地追問：「又是名落孫山？」

　　「考是考上了，但⋯⋯」

　　這位母親一聽，原先的失望、忿怒，一瞬間轉化成喜悅，意料之外的變化自然讓她的驚喜感受更加深刻。

　　以上的說話技巧，就是利用反面手法，達到更強烈的正面效果。

　　除此之外，想要讓自己說出的話更有說服力，務必要使語意生動明晰，才能深深打動聽者的心，進而獲得不同凡響的效果。

　　希臘哲學家阿拉佛雷德斯便主張：「生動並無一定的準則，唯有力求不斷變化，才是生動的本質。」

　　注重生動地傳達語言和思想，能夠讓想法表達得更加精采活潑、扣人心弦，富有生命力。

　　宣傳用的廣告文案，是企劃家們嘔心瀝血的結晶，其中最重要的就是「標題」，「內容」則次之。

　　「標題」的本意就在於具有吸引力，能夠先抓住觀者的注意力，接著才有興趣去看「內容」。這就是各大廣告公司往往極力尋求真正簡潔有力、富有吸引力的廣告標語的原因。

　　人的記憶惰性相當重，只憑單純事實顯然不夠，於是就有人故意捏造出一個形象，再透過各種媒介讓視聽大眾產生第二真實性的幻覺，這就是「疑似假冒」，在廣告中的應用相當普遍。

　　美國廣告界的先驅霍普金斯先生，撰寫文案的能力赫赫有名，他曾接受生力啤酒公司的委託，代為設計一句廣告語。在參觀該工廠全部製造過程以後，經過仔細地思考，他擬出了一段廣告文

How to break
the heart of defense
063

案：「生力啤酒，經過絕對有效的殺菌消毒，所以最美味、最衛生。」

乍看平凡無奇，但強調了其他啤酒欠缺的衛生形象。生力啤酒就因為這則廣告語，銷售量由世界第五位躍居第一。

可口可樂、百事可樂以及賓士等等名牌汽車，之所以能夠獲得世界各國消費者的喜愛，廣告標語肯定佔了很大的原因。

能夠做到簡潔有力、具有創意，就能成功吸引消費群體的注意。有辦法在消費者心中留下印象，行銷自然成功。

不僅限於商業領域，日常的人際相處同樣適宜運用這些方法，掌握其中的精髓，就能夠有效達成加深他人印象的目的。

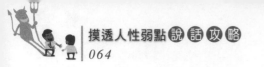

打造個人商標，塑造生動形象

塑造一個幽默、易於記憶，又能給人深刻印象的「商標」，將能使你生動地活在對方的心目中。

不論是聽、是看，甚至於聞，我們都會對一件事產生或好或壞，或肯定或否定的印象。

也許有人以為這印象是根據自我判斷而來，殊不知絕大部份仍是由外在別人的影響所造成。

心理學家曾做過如下的實驗；將一群人分成兩組，拿出一張看似時鐘又似螃蟹的抽象畫，分別給兩組人看。對第一組人說：「這是時鐘。」對第二組卻說：「這是螃蟹。」

結果，兩組人果真相信那幅畫是時鐘或者是螃蟹，這就證明了「先入為主」的概念確實會影響人的判斷與印象。

這在心理學上由來已久，被稱之為「拉培林克效應」。

有位政治家，因為深知「語言心理戰」的妙用，便想盡辦法用來擊敗自己的政敵。

只要他為對方冠上不好的外號，這位政敵的聲譽就會一落千丈，這就是「拉培林克效應」的典型效應。

大眾傳播日益發達的今日，不論是網路、新聞、電視或廣播，都能夠影響人們的觀念和喜好，所以避免外來的因素影響，努力

How to break
the heart of defense
065

創造象徵自我的商標，是件刻不容緩的事。

「她是賈桂琳，我是她的丈夫。」美國前總統甘迺迪和美麗的妻子賈桂琳出席任何場合，總是以這句話來介紹自己。以這種方式展開自我介紹，別人聽來格外親切自然，同時也為自己樹立起獨特的商標，化解了總統與一般人之間難以跨越的隔閡，是成功的做法。

每一種商品都有它的商標，每個人都各自的特色，這裡所說的商標，並非生理特徵、品德表現，而特指「口頭禪」。

說話應對上的口頭禪，正如同商品的商標，甚至能夠成為個人固定的宣傳語。

當人們一聽到同樣的話語之時，便不由自主地聯想到某個人，就是讓人留下印象的成功商標。

商標必須由自己主動產生，如果由別人來選定，雖然也能令人對你產生印象，但是這個外來的商標，就具有脫離操控的危險性。因為在自己不知道的某些場合，它極有可能會被摻入某些惡劣的印象，甚至引起外界的誤解，或是有被惡意中傷之虞，反倒造成傷害。

由自己獨特的特徵主動打造的商標，不容他人的意志左右，沒有前述弊害，更能夠確實地在對方心中留下深刻且正面的印象。

一個知名的例子，便是美國的老羅斯福總統，他在應對上有一句特殊的口頭禪———「愉快之至」（With pleasure），配上他的獨特發音，竟然博得百姓的喜愛，每每聞言便掌聲不斷。

最得人緣的歌手，唱歌時總帶著個人的特殊唱腔。這類在下意識裡形成的特徵，容易引起聽眾的共鳴，使印象深植於心。

　　也因此，一般大企業在經營或宣傳上，無不絞盡腦汁創造獨特的「商標」，甚至不惜重金徵求。

　　必須注意，「商標」的擇取不當會令人生厭，產生反效果。因此必須設法塑造幽默、易於記憶，又能給人留下深刻印象的「商標」，藉著它，使自己生動地活在對方的心目中。

How to break
the heart of defense
067

應用措詞技巧，讓話說得更好

想要讓自己的說話用辭更加生動有趣，就該注意措辭的技巧，如此一來一定能使話說得更好，成為受人歡迎的對象。

很多年前，即有心理學者、語言學者不斷針對一個課題進行研究——如何在定量的客觀的條件上，把握住特定的概念。

所謂語言文字，並不是每個字都具有確定的意義，功用只在對既有的經驗引發聯想。因此，一語一字都可能使人產生不同的印象。

指示語的作用，在於把原本不通曉的人或事，和殘留在記憶裡的其他事混淆在一起，產生共同意識，於印象裡「鳩佔鵲巢」。

「『那』地方，一到深夜，便可聽見哭聲、叫罵聲、啜泣聲，不絕於耳。」

「『那』位小姐選擇自殺，為了什麼？」

「『那』件兇殺案，仍然處於膠著狀態。」

這些用詞經常在報刊雜誌上出現，日常生活中，人們也常在對話中吐出「那」或「這」的指示語。

稍加留意便能發現，這幾個指示語會讓聽者產生一種錯覺，對「那」被指示出來的人事物，產生似曾相識的親切感。

以「觀者和聽者都知道」為前提，縮短彼此的心理距離，產

生讓對方附和、贊同的效果，這在心理學上，被稱作「意義微分法」。

為了說服別人，或使對方和自己採取同樣的步調，言語中的一詞一字都必須予人鮮明的印象。

如果「那」字使用得當，更能使「那」印象深遠。

譬如「你等的『那』輛車來了」，這個「那」字就用得非常恰當自然。

實際上，也許聽話者並沒有在等候「那」輛車，只是旁觀者如此以為而已，但這就是語言的魔力。

同樣的道理，在下面這個例子也可獲得印證：

有一位外型十分亮麗的女性，遲遲沒有結婚。有人問她為何至今在感情上仍是一片空白，未能安定下來？

她這麼解釋：「我是個天生具有反抗性的女人，不懂得社會的規範。如果遇到太過於拘謹的男人，多少會存著不願與他們交往的心態，如果遇到比較柔順的男人，又會覺得他沒有男子氣概……」

心理學家說，這段話聽起來有種不自在的感覺，因為當中的某些部份在修辭學上被稱為「視覺語」，只適合用文字表現，用說的則會顯得彆扭。

她應當試著這麼說：「我是一個很固執、反抗意識很強烈的女人，平常不善於交際，也不知道該怎麼表現自己，遇到了拘謹保守的男人，總是提不起勁來與他交往，如果是個順應環境的人，又免不了覺得他缺少男子氣魄……」

同樣的內容，因為措詞的不同，便會給人不同的感受。

H ow to break
the heart of defense
069

　　人們往往以為，對著上司、長輩，或陌生人說話時，應該參雜一些平時不常使用且難懂的詞句，藉以搪塞、掩飾、保護自己。

　　這時，大量的「視覺語」就會出現在交談中，結果反而導致話講得既艱澀又難懂，毫不生動，讓聽者失去信賴感和親切感。

　　身為對外聯繫、互動的推銷員或店員，尤其應忌諱使用「視覺語」。

　　前美國總統杜魯門的私人秘書徹利曼曾說：「人比商品更容易遭到非議，一旦不慎說出不恰當的詞語，就會搞砸人際關係。」

　　想要讓自己的說話用辭更加生動有趣，就該注意措辭的技巧，如此一來一定能使話說得更好，成為受人歡迎的對象。

調換主賓語，有效增加樂趣

試著變動許多說慣了的寒暄應酬話的主語、受詞位置，也許能夠產生新奇的效果，讓對方留下深刻印象。

「水平思考法」由心理學家耶脫瓦特‧波諾博士提出，他並創造一種新鮮的觀念，稱為「意識上可倒置事物的關係」。

確實如此，換個思維方式，往往可以把話說得更妙、更好。

英國大文豪蕭伯納留給世人許多俏皮、機智，又極為幽默的名言。

以下是一則極富幽默的笑話，可以看出蕭伯納由於應用了「水平思考法」，所以棋先一著，在對話中佔得優勢。

有一位演技差勁但美色出眾的女伶，自視頗高，平時生活在眾星拱月的環境當中，高傲嬌貴，一點也不將別人放在眼裡。

然而，她非常仰慕蕭伯納的才華。

某次宴會中，女伶和蕭伯納巧遇，她自信十足，展現出最迷人的笑容和語調，向蕭伯納說：「如果以我的美貌，加上你的才華，生下來的孩子，必定是社會中最優秀的頂尖人物！」

這位大文豪立刻還以顏色，毫不遲疑地回答：「如果這個孩子集了我的容貌和妳的才能，那將會是什麼樣子呢？」

頓時，這位女伶猶如被當頭潑下一桶冷水，只能愣愣地盯著

How to break
the heart of defense
071

這位大文豪，張口結舌，說不出第二句話。

　　蕭伯納以高度的機智抑挫了對方的狂妄，運用倒置順序的言語技巧，使對方的高傲發揮不了作用，只能啞口無言。

　　「狗咬人不是新聞，人咬狗才是新聞。」

　　這是執筆寫花邊新聞的記者們慣用的花招，把「狗咬人」這句再普通不過話當中的賓主易位，以成功挑起讀者的好奇心，讓一件平凡小事成為人人爭看、有價值的大新聞。

　　日常生活中，許多說慣了的寒暄應酬話，想必讓自己和對方都感到相當厭膩，不如試著變動這些話的主語、受詞的位置，也許能夠產生新奇的效果，讓對方留下深刻的印象。

　　想要把話說得更妙，就從小地方開始。

　　細心研讀說話的各種技巧，掌握對方的心思後加以靈活應用，會使你更迅速擄獲人心，也更順利達成自己的目的。

3.

出乎預料往往
能收意外功效

想要強力克制自己處於興奮、衝動、極度緊張時的言行舉止，是一件很不容易的事，但這種功夫往往能使對手極度不安。

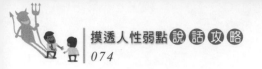

批評人格最是要不得

> 說話技巧好的人，必定懂得察言觀色，當對方
> 勃然動怒時，能夠為自己找個台階下，化解緊
> 張的火爆氣氛。

　　美國群眾心理學家巴克博士·在所著《內在的敵人》一書裡，曾探討過夫妻爭吵的原因。他以兩百五十對夫婦作抽樣調查樣本，研究爭吵時所用詞彙，發現其中最容易激怒對方的戰略，莫過於分析並侮辱對方的人格。

　　以下是巴克博士所舉的實例：

　　妻子：「我知道，你又在開玩笑了！」

　　丈夫：「絕不是開玩笑，我最了解我自己。」

　　妻子：「我才不相信，我最了解你，看來人模人樣，實際上真不是東西。」

　　這段對話針鋒相對，充滿火藥味。

　　這位太太如果真說中了對方的瘡疤，她的丈夫必定暴跳如雷，因為「真不是東西」的辱罵，天下沒有幾個人能忍受得了。

　　凡具有破壞性的口角戰略，通常會遵循下列程序進行：

　　一、　限制對方的性格。

　　二、　互相批評對方的人格。

　　三、　相互的人格破壞，而將對方擬物化。

How to break
the heart of defense
075

　　當然，這原則不只限於夫妻吵架，擴大到其他較長時間接觸的人與人之間，也常常發生。

　　大企業的管理人員都會記得時時提醒自己，避免說出「你的特性是……」、「你天生就……」這類話，以免引起部下的反感。

　　人性的缺點之一，就是深信「江山易改，本性難移」，因此總是善於原諒自己，惡於寬恕他人。

　　這種情況下，一旦被人掀開底牌，受到刺激，那股創痛，豈能忍受得了？

　　世界各地殺人案件都有逐漸增加的趨勢，尤其在美國的大都市如紐約、舊金山等地，更是駭人聽聞。以紐約為例，曾經在短短六個月之內，發生了一千三百四十六宗謀殺案。

　　心理學家分析，這些不幸事件之所以發生，多數都是由於被害者使用了惡毒的話語，成為悲劇發生的導火線。

　　例如，有被害人用最刻薄的方式對加害人說：「你這個沒出息的東西，一個大男人竟然連老婆也養不活，還欠下一屁股債！」

　　這句話非常嚴重地傷害了這名加害人的自尊，因而從一開始的憤怒、不安，逐漸轉變為緊張、激動，最後瘋狂地舉刀殺人，符合心理學上「心理慘遭挫敗，導致行動發洩」的理論。

　　當自尊遭到無情傷害，如果不能以較緩和的行動排除蓄積在胸中的忿怒，心理上的強力挫敗將可能轉為一股強勁的憤怒，導致喪失理智，做出傻事。

　　遇到這種狀況，應設法疏導，化乖戾為祥和，避災禍求平安。

　　說話技巧好的人，必定懂得察言觀色，當對方勃然動怒、怒

火中燒時，為自己找個台階下，化解緊張的火爆氣氛，不讓彼此的關係繼續惡化下去。

　　和性格敏感的女孩子講話，更應格外地慎選措詞、用語。女性大都非常不能忍受傷害自尊心的話語，若對方真的長得不好看，「妳長得蠻漂亮」這種近於諷刺外貌的話便絕對不能說，要避免談及美或不美的問題。

　　如果真的沒辦法閃避類似話題，不如單刀直入：「妳雖然長得並不漂亮，可是相當迷人，妳的談吐、妳的舉止，在在都令我著迷。」

　　說話的時候，要注意避免觸及可能傷害他人自尊的敏感話題，萬一不小心點到，則要儘快設法緩和氣氛，如此才能讓社交場合的氣氛更加圓融美好，人際關係更為和諧。

How to break
the heart of defense
077

「擴大自我」讚揚，效果成倍加強

當被別人褒獎的是連自己也沒有察覺到的長處時，「擴大自我」的滿足將更勝「確認自我」的喜悅。

　　日本知名文學家三島由紀夫，在《不道德教育講座》一書中，曾描述了這麼一個故事強化自己的論點：

　　凱末爾大將率軍征戰，每戰皆捷，凱旋回國時，民眾紛紛讚揚他：「了不起，您真是傑出的軍事家！」

　　類似的奉承話不絕於耳，一開始凱末爾覺得很得意，但聽多了就無動於衷，不再因此感到高興。

　　有一天，一位職卑位低的官員，看到凱末爾將軍的鬍鬚，輕輕地獻上一句：「啊！將軍，您的鬍子好漂亮！」

　　就憑著這句話，凱末爾頓時感到非常開心，立刻將這位奉承他的人擢升為幕僚。

　　「傑出的軍事家」，讚美的是凱末爾將軍自己也認同的長處，也就是所謂「確認自我」的讚美，因此受到讚美，會認為那不過是種禮貌性的表面稱讚，聽久了也就不以為樂了。

　　但當被別人褒獎的是連自己也沒有察覺到的長處，「擴大自我」的滿足將更勝「確認自我」的喜悅，非但更有影響力，而且歷久彌新。

一些剛剛出道的記者不了解這層心理，訪問某些專家、學者之後，常常妄自褒獎，斷下評語，結果適得其反，被專家們厭惡，等於將馬屁拍在馬腿上。

有一位神通廣大的攝影師，有本事讓任何一名女子在自己面前脫得精光，供他拍照，無論對方是熱情女郎，或是清純少女。

有一天，他終於說出了訣竅，原來他每次都不斷地讚美女子某個美麗的部位，不帶任何邪思遐想地說：「呀！妳的耳根好美、好性感！」「今天的彩妝和髮型搭配得宜，任何人都會為妳心動的！」

大多數女性每天總要面對著鏡子不停地打扮，注意著外表上的各個小細節，因此，對於自己的胴體最清楚不過了。如果只是很普通地稱讚她臉蛋漂亮、美麗動人，不會有太大效果，倒不如讚美別人不曾讚美過的地方，最好是連她自己也很難想像到的。

像是「妳的耳根好美、好性感」，這就是被稱讚者始料未及的，所以當然樂陶陶且百依百順地寬衣解帶，供攝影師拍照。

這就是「自我擴大」的喜悅，比起「自我確認」要強烈、持久得多。想要把話說得更妙，便該善加利用，以求發揮功效。

How to break
the heart of defense
079

抓準心理漏洞，交涉更能成功

利用對方在心理上出現漏洞時趁機爭取利益，
不失為一個好方法，讓對方無話可說，即使有
怨也無處訴。

當你開口說話，逗得對方樂在心裡、笑在口裡的時候，忽然話鋒一轉，頂他幾句，無論是脾氣再怎麼莽撞、暴烈的人，也無法立刻變以顏色，因為他的笑容都還掛在臉上，很難立刻收起來。

因此，如果要藉著語言達到某種目的，就必須先讓對方高興，最好到失態程度，接著再捕捉最恰當的時機，藉「語言」迫他贊成、同意或投降。

類似的運用，在商場最常見，例如以下實例：

一個表演團的代表要到某家酒店進行交涉，因為這家酒店的經理非常精明，答應支付的報酬太過低廉，將讓表演團入不敷出。

但是礙於情面，表演團代表又很難拒絕對方，原來這位經理曾經在表演團發生財務困境的時候予以周轉。

該怎麼辦才好呢？

經過一整晚的思考，表演團代表終於想出一個好方法。

隔天餐宴上，她絕口不提酬勞的事，只是陪著酒店經理抽煙、聊天、說話，引得經理開懷大笑，然後代表主動說：「我們

表演團的全體同仁,可以為您和貴店廝本演出。」

經理聽了這句話,更樂得眉開眼笑,呵呵的笑聲怎麼也止不住,想不到這位代表突然把臉色一沉,非常鄭重且嚴肅地說:「什麼!這有什麼可笑的?你把我當傻瓜,以為我真的是那種人嗎?好!你這個鐵公雞,我已經認清了。對不起,這次演出就此取消。」

接著她裝出憤而離席的樣子,讓那位笑容還掛在臉上的經理大為恐慌,只得一把將她拉住,賠不是道:「千萬別這樣,有話好說、有話好說,關於報酬,我們可以從長計議。」

這個代表真是位「最佳演員」,演出的效果好極了。於是雙方重訂合約,照舊演出,表演團終於獲得應有的利益。

利用對方在心理上出現漏洞,趁機爭取利益,不失為一個好方法,巧妙使用這一招通常都能成功,讓對方無話可說,即使有怨也無處訴。

How to break
the heart of defense
❶❽❶

出乎預料往往能收意外功效

想要強力克制自己處於興奮、衝動、極度緊張時的言行舉止，是一件很不容易的事，但這種功夫往往能使對手極度不安。

　　根據資深警員們多年經驗得出的看法，被害者在面對竊賊時都有一種共同心理，就是恐懼被殺害。逃走、呼救正是一般人遭受盜竊時的共同反應，盜竊者對於這種現象也有了防備的措施，料定被害人一定會驚嚇不已。如果狀況正好相反，對方不僅不逃走也不呼救，反而會令竊賊深感不安。

　　有一次，日本女作家曾野綾子的住宅被侵入，好幾名歹徒闖進臥室。

　　曾野綾子雖然非常害怕，但強自壓抑恐懼，鎮定地說：「帶走你們要拿的東西，然後滾蛋！」

　　歹徒們聽了這番話，不禁大吃一驚，誤以為她早有安排，於是什麼也不敢拿，慌慌張張地逃之夭夭。

　　對大多數人來說，想要強力克制自己處於興奮、衝動、極度緊張時的言行舉止，實在是一件很不容易的事，但這種功夫往往能使對手極度不安。

　　日本幕府時代末，江戶重臣勝海舟之所以能安然容於亂世，

據說也是仰賴對此種心理要訣的運用。

有一則關於他的故事，日本人無不耳熟能詳。

一天，勝海舟在京都四條通散步，未料有一位蒙面刺客在陰蔽處鵠候多時，一見勝海舟走近，立刻跳出來，用手槍指著他的胸口。

因力主開拓疆土，勝海舟在當時樹立不少政敵，如果被這位蒙面刺客槍殺身亡，便無人率領船隊到美國，不但近代文明無從輸入，開國更是無望。

勝海舟很快反應過來，隨即了解這是怎麼回事，不慌不忙、滿不在乎地說：「別害怕，唔！瞄準這兒。開槍吧！老兄，請！」

勝海舟一面說著，還一面猛拍自己的胸脯。刺客看他愈走愈近，竟然嚇得立刻丟下了槍，轉身就跑。

實際上，任何人碰到上述情況，很難不恐懼。遇到刺客的勝海舟當然不是不害怕，但他控制得了自己的情緒，這就是高明的地方。

在極端盛怒、不可理喻的時候，加以讚揚；在不可一世、趾高氣昂時，澆下一盆冷水，這比責罵更能夠使對方深感意外，而收到良好效果。

這種技巧一向為領導階層慣用，但即使是日常人際相處，也不妨找機會試試看，相信同樣能收得意想不到的妙效。

How to break
the heart of defense
❶❽❸

為人文雅，偶爾也可以說粗話

以粗話發洩心中「罪惡感情」，能夠有效降低
心理上的負荷，排除鬱悶，使犯罪行為減低。

一般人都有一種想法，就是不可說粗話。

但這種想法真是「完全正確」的嗎？

其實，並不一定如此。

和別人說話往往是為了達成某些目的，粗話也是語言的一種，只要謹慎運用，也能發揮意想不到的功用。唯有細心研讀並靈活應用語言的魅力，具備良好的說話能力，才能增強自己的競爭力。

法國知名小說家佐拉，在名作《酒店》中，有一段描寫兩名巴黎洗衣婦吵得面紅耳赤的場面：

「到那邊去！騷貨，別在這裡坐冷板凳了！」

「臭三八！妳還算是人嗎？撒泡尿自己照照吧！」

「妳這渾身騷味的狐狸精！下三濫！」

「說我？妳還是趕緊洗洗臉、刷刷牙，今晚到貝姆街街角去拉客吧！」

無論是誰，在爭論中聽見類似的言語，相信必會忍無可忍。

有時候，當你承受難以忍受的汙辱，或是內心感到分外壓抑時，不妨破例罵個一兩句粗話。

低水準的咒罵往往是戰勝對手的絕技，但必須謹慎使用。

在氣頭上說出來的難聽話，覆水難收，很難再和對方復交，因此，除非一開始就抱定未來將互不往來的念頭，否則不應輕易使用。

當然，無論從任何方面來說，使用此法確實應仔細衡量狀況，尤其必須避免觸及以下三點：

一、生理上缺點：胖、矮、瘸、聾、醜等。

二、身份上的卑賤：乞丐、私生子、拖油瓶、妓女等。

三、能力上的低差：白癡、性冷感、呆子、騙子等。

任何人或多或少都有自卑感，你所講的話離自卑感的核心越遠，就越不容易挑起怒火，反之，則越容易成為點燃爭吵的導火線。一旦觸碰到上述三點任何一方面，理智的判斷會立刻消失，代之而起的是一種動物性的原始防衛本能。

有人說，絕對不可傷了別人的自尊心，就是這個道理。

罵一句粗話，確實可以幫助發洩心中的諸多不滿，疏解鬱積的情緒。我們當然不鼓勵說粗話，但是在必要時，仍可權衡輕重，適時使用。

不堪入耳的粗話諸如「三字經」等等，文雅守禮的人，於正常的人際關係當中，最忌使用，體面的紳士淑女們更不好意思說出口。

但是在美國紐澤西洲的監獄裡，不但不禁止，反而率先倡導使用。

原來，凡是送到這所監獄裡的犯人，幾乎清一色為犯下性侵害案件的犯人，不然就是性變態者。

How to break
the heart of defense
085

　　普廉達加斯特博士是專辦當地性犯罪案件的檢察官，竭力提倡以罵髒話為發洩方式的「精神矯正法」。

　　他的理由是：

　　「如此發洩情緒，將能夠使性犯罪率降低，夫妻之間發生爭吵，以及人與人之間有任何糾葛，也同樣適用。」

　　「這裡收容的強姦犯，男犯者們大都有毆打妻子的前科，或是有性虐待記錄，女犯人們則有暴露狂、淫虐狂。他們的感情經常受到壓抑，如不予以適當的疏導宣洩，一旦爆發，難免犯下更嚴重的過錯。」

　　以粗話發洩鬱積在心中「罪惡感情」，能夠有效降低犯人心理上的負荷，透過這種另類的「淨化作用」，使曾在該監獄服刑的罪犯，「回獄」的比率降至百分之〇‧十％。

　　這個方法也確實適用於一般人，當心中存有不滿和隔閡時，可以到人跡不全的地方，大罵幾句粗話，作為犯罪行為的代替，以排除心胸的鬱悶，並有效降低肇事可能性。

　　這也難怪曾有人如此主張，解決夫妻爭吵的好方法，是乾乾脆脆、痛痛快快地大吵一番，這完全符合上述的道理。

　　當然，夫妻爭吵時不需要使用粗話，但是為了在爭吵時徹底消除彼此心中的不快，不妨彼此罵些壞話。

　　徹底將怒氣發洩出來之後，往往不一會兒就能完全平靜下來。

　　只要牢記一個原則——不要傷了對方的自尊，不撕破臉，如此多半能收到排解負面情緒的效果。

　　我們絕不「鼓勵」罵髒話，但在發洩情緒的前提下，這的確是一種可以有效達到目的的方法，可斟酌採用。

專注傾聽，對話更具意義

真正的對話應該是雙方都認真傾聽，這不只是彼此之間精神上的交流，更象徵了心有靈犀一點通。

凡是能言善道的人，必定也是最會聽話的人，不僅懂得專心聽對方講話，也會專心聽自己講話。

「我之所以能夠成功，在於我隨時注意聽自己講的話。」日本蜜絲佛陀公司舉辦的化妝品推銷員講習會上，一位成功的女推銷員說出以上開場白，立刻引起與會人士的注意。

這位臉蛋姣好，身段修長，看來不到三十歲的女士接著說：「如果妳要向顧客推銷口紅，可以對她說：『將這支口紅塗在乾燥的嘴唇上，就會立刻變得潤滑有光澤。』必且把『口紅』、『乾燥的嘴唇』、『潤滑』、『光澤』等詞彙連起來講，效果最好。」

這位一流推銷員確實懂得如何說話，但她更懂得「聽」的藝術。自己講，自己聽，藉由說話的姿態和表情，以及「我們」這個詞的巧妙使用，成功地將顧客和她自己拉進了口紅的美感裡，凝聚共識。

哲學家瑪普巴說：「人與人相處，必須先誠心相待，才能夠發現自我。」

密西根大學加普蘭教授進一步闡揚了這句話的意思：「人與

How to break
the heart of defense
087

人之間，談話的缺失、弊端，並不一定來自技巧的愚劣，而是由於彼此都急於表達自己的意思，因此缺乏耐心傾聽。」

這段話，實在是一針見血的高論。

在日常生活中，當我們遇到高談闊論、喋喋不休的對象時，往往不僅不注意聽對方說話，甚至還急著尋找讓自己說話的機會，好發表宏論。到最後，對方的話一句也沒聽進去。

當你在高談闊論時，別以為別人的回應是一種贊同，說不定那只是告誡你：「現在聽你的，等一下可要聽我的了。」

真正有效的對話，應該是雙方都很認真傾聽，無論由哪一方說話，不僅對方注意在聽，自己也注意在聽，這不只是彼此之間精神上的交流，更是「心有靈犀一點通」的象徵。

如此，才能夠讓對話更有效果，自己的談話技巧也能夠在傾聽的過程中逐漸進步，懂得把話說得更好。

適度的讚美讓言語更美

給予適度的讚美，接受者會因此流露出喜悅的
情緒，這就是「奉承」發生了效用。

　　稱讚往往令人產生情不自禁的喜悅，並且逐漸增長，覺得難
以克制。

　　想要拉攏感情，就必須要學會善用人際關係的潤滑劑——讚
美，這是各行各業成功者不可或缺的本事。

　　我們都知道人是感情的動物，然而，所謂的「感情」究竟是
什麼？

　　喜悅、悲傷、憤怒、憎惡……等等，當然都隸屬於感情的範
疇，但是若要更詳細地區分，那些經由喜悅、悲傷、憤怒、憎惡
等情緒影響所表現出來的態度，才是真正的感情。

　　聽人傾訴，不知不覺地灑下同情之淚；讀一段新聞而感到義
憤填膺；聽一段演講，跟著它的內容而喜、怒、哀、樂；欣賞一
段電影而開心大笑，這些因心理感應所產生出來的反應因人而異、
因地而異，正是感情。

　　大體說來，所聞、所聽、所見，能使人動心，動情，感之於
內、發之於外，便是「感情」。「感情」一字的英文，追溯語源，
是「感觸」的意思。

How to break
the heart of defense
089

迄至今日，已有許多位心理學家提出對「感觸心理」各不相同的看法和主張。但是，感情相當複雜，感觸的表現更是千頭萬緒，所以任誰都不能妄加推斷，遽下具體定義。

謝拉博士曾試著把感情分為支配肉體條件的反應、本能表現，以及受到自我價值行動驅使的精神表現，並進一步分成四個層次以分析：

第一層：由於肉體的刺激引起本能反應，包括苦痛、快感等。

第二層：整個肉體感覺到的感情，包括緊張感、疲倦感、滿足感等。

第三層：一般所稱的感情，如喜、怒、哀、樂等。

第四層：心靈上的感受，如宗教性、家族性的喜悅和平等。

由這四層次看來，我們的感情經常受到當下身處的狀況所左右、支配，尤其是第二層、第三層所指的感情，更容易受到激動。只要一句話、一小段文字，就能使人充滿喜悅、不安，或是亢奮。

給予適度的讚美，恰如其分的誇獎，接受者會因此流露出喜悅的情緒，這就是自我意識所引起的現象，也就是「奉承」發生了效用。

自我意識強、警覺性高的人，即使老於世故，也經常難以抗拒虛偽的奉承。遇到這種人，不妨投其所好，對他們說幾句好聽的奉承話，讓對方逐步陶醉、忘我，放下戒心。

但同時也必須留意，奉承別人的時候得謹慎拿捏分寸，輕輕搔到癢處即可，如果過分，反而得不到預期的效果。

亂戴高帽子不是好事

> 不要一味地認為讚美是一種善舉，必須要學會
> 使用適當的用語，才不會產生反效果，造成他
> 人的負擔。

讚美別人，得先了解對方的心理狀態，並且熟悉對方的人格。因為，人際關係往往只建立在人格的一部分，或是彼此可見的特徵之上，導致我們無法全盤了解對方的心理狀況、個性。即使親如夫妻，相互之間想要達到百分之百的了解，也是不可能的事情。

正是由於這個緣故，越是受到別人過分的讚美，越會感到自己不被了解，甚至產生被他人捉弄的感覺，進而導致不愉快的感受。

一九六三年，蘇聯領導人赫魯雪夫大力推崇美國詩人羅伯特‧佛洛斯特，讓佛洛斯特深感不安。

接受了過多的讚揚，今後理所當然只有更加傑出才能與目前的身份匹配，可萬一失敗了，或者喪失作詩的靈感，又該怎麼辦？於是，佛洛斯特憂心忡忡，惶惶不可終日，越來越感到恐懼不安。

赫魯雪夫到底對佛洛斯特戴了哪幾頂高帽子，詳情我們並不清楚，但是，在日常生活當中，你我應該都曾有過類似的經驗。

若被人大力稱讚：「你太好了，太寬大了，太仁慈了，一點也不會生氣！」受到如此過分誇獎，心裡會有什麼感覺？

How to break
the heart of defense
091

最初，你可能覺得有點飄飄然，但隔不了多久便會越想越不對勁，簡直有被揶揄、想要立刻予以否定的衝動。

心理學家吉諾特說，一個小孩子被大人過分地誇獎，反而會表現出淘氣調皮的行為，藉以自嘲並表示反抗。

事實上，大人也會如此。

一名字寫得很漂亮的新進員工，在開會時受到上司當面誇獎：「啊！字寫得不錯喔！漂亮極了！那以後要好好幹呀！」

如此讚美，反而使得這位年輕人產生相當不自在的感覺。

誇他字寫得好，這是客觀的事實，但在最後加上一句「好好幹呀」，等同於以主觀事實武斷地影響對方的心理狀態，當然會使人忐忑不安，心裡不得不承受一副重擔，極有可能在下意識中產生抵抗的態度，造成反效果，反而使得表現大不如前，明顯退步。

承受別人的過度讚美，就好像對方正在肆意地在評價自己，當然會催化出不愉快的感覺。

不要一味地認為讚美是一種善舉，必須要學會使用適當的用語，才不會產生反效果，造成他人的負擔。

三思後言才能減少誤會

人們有時候會在無心之下說出傷害對方的話，因此衍生種種誤會。想要有效防止，最好的方法就是留意自己即將說出口的話。

　　說話就像一把雙面刃，說得好，事情可以圓滿順利；說得不好，則可能激發對方的逆反心理，讓事情變得更加棘手。

　　因此，你必須學會看穿人心的說話技巧，確實運用在每個溝通的場合，讓同事、上司、客戶或是交涉的對象都成為最好的助力，而非最大的阻力。

　　我們常因說錯一句話而使人發怒，於是只得急急忙忙地道歉，表示：「我收回前言！」「對不起對不起，我不是這個意思！」或是：「宰相肚裡能撐船，請你多多包涵！」

　　但是，傷害已經在他人的心中留下陰影。

　　與其事後道歉，何不事先謹慎思考？

　　以下，讓我們來看一個相當實際的例子：

　　家庭主婦最忙碌的時刻，莫過於早餐前的片刻。這時候得忙著打理早餐、忙著準備便當、忙著幫孩子們穿衣服，擔心孩子們的書包裡是否忘了帶什麼。不但如此，先生的襪子、襯衫也先要準備好，領帶還要配好顏色。

How to break
the heart of defense
093

如果於此同時電話又響了起來，熟睡中嬰兒被驚醒，「哇哇」地大聲哭了起來，烤箱裡的麵包則傳出陣陣焦味……

面對一團混亂的場面，如果丈夫開口說話，可能會有三種情況：

一、「怎麼搞的！麵包又烤焦了？」

二、「真糟糕，小傢伙醒了，今天早上夠妳忙的了。」

三、「烤焦的麵包也別有一番風味哪！」

美國心理學家吉特博士，曾針對這三種說法，對一群家庭主婦進行一場實驗。結果主婦們普遍對於Ａ感到最為憤怒，Ｂ稍不滿意，但可以一笑置之，認為只有Ｃ才是人說的話，深得人心。

這個例子提醒我們：在開口前，為什麼不想想該怎麼說話才不會影響對方的心情？何不多說點體貼的話呢？

傷人感情的話語，最易使人發怒，有時候，即便是出自善意的忠告或教訓，但若用辭不適當，仍會使人感到不滿，不僅發揮不了作用，反而造成傷害，挑起積壓在心中的怒火。

人有時候會在無心之下說出傷害對方的話，因此衍生種種誤會。想要有效防止，最好的方法，就是留意自己即將說出口的話。

拋出肯定問題
讓對方傻傻同意

以絕對肯定性的方式作為話題的開頭，讓對方在不知不覺中放鬆心情，解除了心理的武裝。

喚起同理心，說服最有力

說服別人之前，要先讓他進入相同的情境當
中，對問題感到關切，產生切身之痛。

古羅馬思想家馬可‧奧勒留曾說：「很多時候，只懂說話藝術的人，不見得比能看穿人心的人更具說服能力，更受到對方青睞。」

想要進行有效的交談，就必須先洞悉對方心裡正在想什麼，然後順著對方的心理說出最精確的話語。能不能看穿對方的心思，往往就是交涉溝通能否順利成功的最重要關鍵。

「如果你是我，你會怎麼做？」

採用這種說法，正是說服技術的第一步。

這是一種利用「角色扮演」方式，讓對方產生互換地位、模擬立場感覺的技巧，藉此提高達到說服目的的可能性。

美國著名的人際關係專家吉普遜先生，有位好友官拜陸軍上將，他認為這位好友之所以能有此成就，完全得力於具備超人一等的說服技巧。

「我的朋友從小就憧憬軍旅生涯，希望能成為一代名將。高中畢業後，適逢一九二九年美國經濟大恐慌，人人被生活逼得走投無路，有志青年都一窩蜂地擠入免學費的西點軍校，有辦法的

How to break
the heart of defense
097

人，到處託人關說，把有限的名額全佔據了。我的朋友是個毫無背景的升斗小民，一點辦法也沒有，於是他四處打躬作揖，鼓起勇氣拜訪幾名地方上有頭有臉的人物。」

「他對他們這麼說：『先生，我是個優秀的青年，身體強健，有愛國情操，滿心想進入西點軍校報效國家，可是卻毫無辦法。如果您的子弟和我有相同的處境，請問你會怎麼辦呢？』」

「出人意料之外，這些有頭有臉的人物，經他這麼一說，十之八九都熱心地幫忙寫了推薦書，有的人更積極為他奔走，拜託國會議員，終於突破層層難關，讓他成為西點軍校的學生。」

人對於自己的事，總是懷著極大的興趣和關注力。這位年輕人若不以「如果您的子弟和我有相同的處境」作為攻心戰術，這些地方上的有力人士，會願意幫他寫推薦書嗎？

非但不會，恐怕還會嗤之以鼻，不屑一顧吧！

正是憑藉著喚起「同理心」，這名青年為自己爭取到難得的機會。

說服別人之前，要先讓他進入與自己相同的情境當中，從而對問題感到關切，產生切身之痛。在回答「如果你是我……」的問題時，人通常都會不自覺地把自己投影在該問題的中心，因此，答案自然會為我們提供一個比較客觀的解決方法，這是最起碼的收穫。

請聽下面三句話，那一句較易為你接受？

一、快去做功課！

二、你該去做習題了！

三、來，我們去做習題吧！

　　一般人往往最喜歡第三句的語氣，認為第一句是最討人厭的說法。道理何在？正因為斥責性太強，命令味太重。

　　第二種是禮貌性的說法，唯有第三種真正做到「拿人心比己心」，使人備感親切，進而產生附和、贊成的認同感。這種語氣，能成功使說與聽兩者牢牢結為一體，減少反抗的意識，縮短自己與對方的距離。

　　事實上，下達命令的老師、父母親，仍然是局外人，功課仍然必須由你自己完成，但是表現出來的態度和氣氛，卻不會令對方有置身在局外的感覺，自然而然能將抗拒心理降到最低。

　　以這種語氣對人說話，具有很強的說服性，能收到相當好的效果。

How to break
the heart of defense
099

坦承有助於驅除膽怯

立刻承認自身的膽怯，就能戰勝膽怯，於客觀
立場評估自己、了解自己，同時儘快冷靜下
來。

通常一般人在緊張的時候，會表現得相當反常，不僅無法將
原本準備好的說辭完美地呈現出來，甚至連話都講不好。面對這
種情形，該如何解決？

推銷人壽保險的業務員貝德加，曾創下美國保險業的最高紀
錄。成名以後，他在回憶錄中寫下自己的一段經驗：

有一次，為了爭取一筆巨額保險契約，他必須登門拜訪當時
的汽車大王費茲。經過好幾趟的奔波，總算爭取到寶貴的機會，
依照約好的拜訪時間，他被秘書引進豪華的大辦公室，見到了費
茲。想不到此時，他竟然一反常態地怯場了，身體顫抖不已，牙
齒上下打哆嗦，無法讓自己鎮靜下來。

費茲察覺不對勁，便親切地問他哪裡不舒服。貝德加只好鼓
起勇氣說：「費茲先生，我……我因為一直想來拜見您，今天好
不容易……了卻心願，但……卻沒想到，見到了您，想說的話
……都……說不出來了。」

貝德加結結巴巴地，把這句話講完，但不可思議的事情發生
了，他原本畏懼的心理、緊張的感覺竟然全都消失，費茲的形象

越來越清楚，桌上的煙灰缸也不再是兩個重疊的輪廓。

他鎮定地落了座，滔滔不絕地道出事先便準備好的話，終於順利贏得那筆巨額的保險契約。

貝德加的經驗告訴我們：「感到膽怯時，自己立即承認。」

這正是戰勝膽怯的最佳原則。在回憶錄中，他另舉了一個實例，以證明「在膽怯時，自己立即承認」這個原則的妙處。

一九三九年春天，天才演員馬拉斯‧葉曼受邀在紐約帝國大廈演說，他一上台便嚇了一跳，台下一片黑壓壓的人群，蕭穆的氣氛，完全把他震懾住，原先準備好的開場白瞬間忘得乾乾淨淨。

可是，他畢竟是個好演員，一開頭就自然地說：「啊！天哪！讓我大吃一驚，真沒想到有這麼多大人物齊聚一堂，叫我說什麼好呢！」

說完這句話之後，他很快便鎮定了下來。

由於立刻承認自己的膽怯，所以馬上戰勝了心中的膽怯，原本準備好的講詞也就輕鬆、自然、流利地完成了。

貝德加提出的這個原則的確有道理，通常只要在意識裡承認自己的緊張，就能夠站在客觀立場評估自己、了解自己，同時儘快冷靜下來，進而放鬆心情。這不但是一種說話技巧，也是心理學的常識。

How to break
the heart of defense
101

以「接納」將心防融化

因為自己表現出完全地接納，所以在無形當
中，對方也會更容易接受你的意見和主張。

　　與人相處，難免會遇到有事求助於人，希望對方能夠同意、
聽從、幫助自己的時候。怎麼做才能達到這個目的呢？

　　這是一門大學問，也是一場「讓對方聽話」的心理戰。

　　進行此類「心理戰」，一般可分為理論方法、心理方法兩大
途徑。

　　試圖據理力爭，以大道理說服別人，稱為理論方法。理論方
法通常難以使人心服口服，容易造成僵局。

　　心理方法則不同，常能收到意料不到的正面效果。

　　兩者相較，理論方法的成效普遍不及心理方法。

　　所謂心理方法，先決條件在於從談話一開始，自己就必須努
力試著先同意對方的話，這在心理學上稱為「接納」，是「讓別
人聽話」的基本法則，在交談診療上使用得相當廣泛。

　　也就是說，即便對方的談話內容、主張、態度、情感、信念
毫無可取之處，甚至不合邏輯、不合道德、違背情理，你也必須
照單全收。

　　若真能夠做到這一步，自然可使對方全然安心，轉而對你產

生敬意，進而增進彼此之間的友誼。正因為自己表現出完全地接納，所以在無形當中，對方也會更容易接受你的意見和主張。

「接納」法則的應用，不僅侷限於心理診療而已，在其他場合也能派上用場，例如身為推銷員、店員，將此法則用在那些固執己見，具有極端優越感的客人身上，最能達到效果。

《推銷指南》一書中有「應對的技巧」這一章，專門教導推銷員做生意的方法。

書上說：「必須把『您說得對』、『正如您所說』、『您的意思是』等作為開頭語，讓顧客們聽得心花怒放。」

這段文字，清楚彰顯了採「接納」態度說話的妙處。

美國心理學家耶庫曼博士，曾做過一項改變學生意見的實驗。

他反覆地對反對廢止死刑制度的學生們說：「是如此嗎？好吧！」

最後，學生們居然全都改變了自己的初衷，同意他的看法。

由上述例子看來，與人意見相左時，不妨試著先「接納」別人，慢慢地，別人也就會「接納」我們。

How to break
the heart of defense
103

拋出肯定問題讓對方傻傻同意

以絕對肯定性的方式作為話題的開頭，可讓對方在不知不覺中放鬆心情，解除了心理的武裝。

　　美國催眠師米爾頓‧亞米遜在為人催眠之前，一定事先準備幾個對方肯定會回答「是」的問題。

　　這是為什麼呢？他解釋：「這些百分之百為肯定答案的問題，正是引導對方進入催眠狀態的最佳妙方。」

　　美國產業保險公司總經理希巴也經常使用這種方法，使人高高興興地在不知不覺中答應他提出的種種要求。

　　例如，希巴要調整一名員工的工作，雖然只要下一道命令就可以行得通，但他認為，如果能夠使對方心悅誠服地首肯，效果更好。

　　於是，他會使出慣用的說話方式以達到目的：

　　「今天的天氣蠻不錯的！」

　　「是的。」

　　「春天好像快到了。」

　　「真是如此。」

　　「尊夫人和孩子們都好吧？」

　　「很好，托您的福。」

「你今年滿三十五歲了嗎？」

「是的，正好三十五歲。」

「你在公司裡做事，已經有十三年了吧？」

以這種似寒暄又具絕對肯定性的方式作為話題的開頭，可讓對方在不知不覺中放鬆心情，解除心理武裝，習慣於回答：「是！是！」

這時候，重要的話題才被提出來：「你會同意調職吧？」

「啊！當然，我願意，一切沒問題。」

就這樣，希巴輕鬆地解決了調職問題。

這是把人引入催眠狀態的心理戰略，必須先提出一連串讓對方回答「是的」的問題，逐步拉近距離、卸下心防，最後才提出最重要的核心問題，以求一語中的，輕易得到同意。

How to break
the heart of defense
⑩⓪⑤

為對手設想是爭取同意的妙方

有事向人請託，應該由小到大、由微至著、由
淺及深、由輕加重。如果一開始就貿然提出重
大請求，對方一定會斷然拒絕。

　　說話、做事若能發揮將心比心精神，成效更大。

　　有家電視台想要針對某幼稚園進行特別報導，節目製作人特
地請來一位心理學家介紹，負責居中聯絡撮合。

　　於是，這位心理學家前往那所幼稚園，懇切地向園長說明來
意，沒想到卻被園方以一些冠冕堂皇的理由回絕了。

　　心理學家鎩羽而歸，回家之後仔細思考了自己被回絕的理
由，發現完全都是不成問題的問題，對方只是故意在雞蛋裡挑骨
頭。

　　一個人嘴上若常常掛著「不」，「不」字就成了口頭禪，但
那並不是心裡真正感情的直接表示，而是當事人藉著各種牽強附
會的理由拒絕，將自己真正的想法隱藏起來。

　　這位心理學家考慮再三，設法尋思對方拒絕自己的真正理
由，試著以「換位」的方式，使自身站在對方的立場思考：
「我」該在怎樣的情況下，才能說服園方接受這個請求呢？

　　第二天，他再度登門拜訪，開門見山地把擬定的計劃全盤托
出：

　　第一、電視台將無條件奉送一套拍攝完成的錄影帶。

　　第二、如果十六米厘不適用，那麼將會再製作一套八米厘的奉送。

　　第三、拍攝期間，如果工作人員不能和孩子們和睦相處，將自動取消要求，不造成園方任何困擾。

　　這樣一來，負責人果然欣然同意。拍攝工作完成了之後，電視台依約製作一套錄影帶給幼稚園，雙方合作愉快。

　　從以上事例可以知道，只要設身處地為對方著想，就能輕易地達成自己的目的，這才是穩操勝券的最佳妙方。

　　切忌動輒搬出一大堆似是而非的理由，試圖反駁，因為那等同於目中無人，輕視對方，只會造成更大的反感和衝突，根本沒有任何實質助益，想要達到目的更是加難上加難了。

　　想要請人幫忙，除了要儘量為對方設想，還要注意一點，千萬不要一開始就提出令人難以接受的要求，應該要從小事情開始，逐漸加重程度，逐步達到自己原本期望的目標。

　　美國史丹佛大學兩位社會心理學家佛利特曼和佛利哲教授，曾以史丹佛大學附近一位名為巴特的家庭主婦為對象，進行一項有趣的實驗。

　　首先，他們打了個電話給她：「這裡是加利福尼亞消費者聯誼會，為了具體瞭解消費實況，想徵詢幾個關於府上家庭用品選擇的問題。」

　　「好的，請問吧！」

　　受訪的家庭主婦同意之後，他們便提出了幾個簡單的問題，例如府上使用哪種肥皂……等。

　　隨後，校區附近的家庭主婦們也都陸陸續續接到了同樣的電

How to break
the heart of defense
107

話。

幾天後，他們又打了一通電話給這些受訪者，表示：「真對不起，打擾您了，現在為了擴大調查內容，近幾天內將有五六位調查員到府上打擾，希望您多多支持這件事。」

這件事實在不太禮貌，卻也被同意了，為什麼呢？

只因為第一通電話做好了鋪路的工作。

可以想見，如果他們沒有先打第一通電話，就直接提出第二通電話的要求，必定會遭到拒絕。

根據實驗統計，前一種狀況下，答應他們的主婦佔五十二‧八％，後一種只有二十二‧二％。

據此可知，有事向人請託，應該由小到大、由微至著、由淺及深、由輕加重。如果一開始就貿然提出重大請求，對方一定會斷然拒絕。

他們又從另一個實驗中，證明了這種「請託」方法的正確性。

有一年，加州州長大選時期，他們製作了各式各樣的助選標語，然後要求選民們樹立在院子前。

第一組人先提出樹立小型標語的要求，過了一段日子，再表示希望改為樹立大型標語，有的甚至大到把整棟房子都遮蔽了。

另一組人則正好相反，在一開始就要求民眾樹立大型標語。

結果，第二組的贊成比率只有十七％，第一組卻有高達七十六％的贊成率。

這個實驗說明，將心比心、循序漸近，就是讓對方答應要求的最好方式，也是說話辦事之時必須具備的技巧。

順水推舟，紓解憤怒與憂愁

不論正處於情緒激動還是苦悶憂愁，採用順水
推舟，多能夠有效讓對方的情緒平復下來。

　　無端受到上司責罵的職員、沒來由被丈夫斥責的妻子，以及
受了萬般委屈的子女，常會以辭職、離婚、離家出走等方式來面
對問題。

　　事實上，這些衝突都不是什麼大不了的事，往往只是一時的
氣憤、衝動，如果有人能夠適時予以開導，心裡積有鬱悶的人，
多能化戾氣為祥和，讓激動的情緒逐漸恢復平靜。

　　舉例來說，一個年輕人剛剛受到老闆的責備，正在氣忿填膺
的當頭，此時絕對不可以勸他：「別生氣了，既然是誤會，改天
再解釋就好了。」

　　與其好言相勸，倒不如火上加油：「這傢伙怎麼這麼過分，
你應該用力拍他的桌子，頂多是不幹了！」

　　聽了這番話，他會有什麼反應？多半會跟著說：「對對對，
你說得對！我當然要辭職！」但等他說完了慷慨激昂的話以後，
便雷聲大雨點小，不了了之，甚至感到後悔不迭。

　　相較之下，如果在一開始就採取勸服安慰方式，對方還在氣
頭上，必定會說：「我一定要跟他鬥到底！」

How to break
the heart of defense
109

這樣一來，情況更加僵持不下，不僅平息不了他的怒火，更會耗費許多不必要的精力和時間。

將同樣策略用在心情苦悶的人身上，也能收到不錯的效果。

美國愛荷華州的某座城市的市政府，有一項極具人情味的服務——開放二十四小時的電話交談。

許多人樂於使用這項服務，藉以訴苦或是大罵，當然，大部份是孤單、寂寞的老人，他們往往在電話接通之後，便跟接聽的服務員像老朋友一樣毫不拘束、毫無矜持地暢談起來。

在這中心接聽電話的專家們公認，最得人心，最使老人們開心忘我的開場白，就是：「今晚我也和你一樣感到孤獨、淒涼、寂寞……」

這句話能有效產生共鳴作用，和對方的感情融合為一，令對方感到心安，原來世界上寂寞的人並非只有自己一個。

別以為這句話只是公式，事實上，這是將老人們從苦惱中解救出來的最佳妙方。就憑這句話，電話交談服務每年不知道造福、拯救了多少人。

不論正處於情緒激動還是苦悶憂愁，只要順著情緒走，採用順水推舟的語言安撫，多能夠有效讓對方的情緒得到平復。

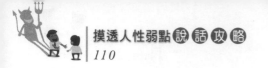

破壞談話調和，讓對方束手無策

> 如果想要疏遠某個人，不妨斷章取義他的談話
> 內容並立刻反問，破壞內涵、申訴、表現三種
> 機能之間的調和，讓對方無法繼續。

一次大戰期間，學者慕拉被德國的納粹黨徒追殺，逃亡到美國，在南加州大學從事語言心理學研究。

一段時間以後，他提出自己的見解：「在情感交流的談話中，話題的內容必須和行動、題旨相互配合。」

他把語言機能分為內涵、申訴、表現三大類，如果三者無法調和，或某類較強烈，情感交流往往有被破壞的可能。

下面就是一則最佳的實證：

美國無線電公司（簡稱 RCA）在仍然屬中小型企業的時代，有一次，派了一位採購代表到巴卜特公司，商討收音機內部零件採購。

經過數次詳談，雙方同意了一切條件之後，終於準備簽訂合約，沒想到這位採購代表卻用輕浮態度說了一句話：「好吧！請在一個星期內把品質保證書和履約保證金送來。」

巴卜特公司代表一聽，立刻針鋒相對：「所謂保證金，只是為確保如期交貨不得延誤吧！本公司一向信譽卓著，至於品質更是無須疑慮，根本不需要什麼保證金，您儘管放心！」

How to break
the heart of defense
111

RCA 的代表大吃一驚，只好勉強答應下來，後來才知道，巴卜特公司一向以頑固、倔強、自信著稱。

採購代表在與巴卜特的商談過程中，特別強調必須要繳交保證金，觸犯對方的大忌，結果反而碰了一鼻子灰，使得雙方都不愉快。

這種策略，也可以運用到日常生活的對話裡，衍生為兩種手法：一種是毫不留情地指出某句話的意義；第二種是提出另一種意義，但包含明顯的惡意，以求讓對方感到吃驚，甚至狼狽。

沒有共識的談話，任誰也無法繼續。

如果想要疏遠某個人，不妨無視於他的談話內容，斷章取義並立刻反問他，破壞內涵、申訴、表現三種機能之間的調和，讓對方無法繼續。

既然談話無法和諧進行，那當然只好說「再見」。

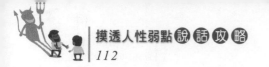

別一開口就想說服別人

在野身分或是處於逆境中的人，大多具有不安定感，總認為若是不能提出更多的辯解與主張，所處的環境會更加不利。

許多政治人物都喜歡用「⋯⋯的話」做為講話的停頓處，特別在言詞過於激烈時，這種語法出現的次數更多。

其實在「⋯⋯的話」之前，必須表達的意思都已經表達了，大可不必再加上「的話」二字，這時使用「的話」，用意在強調言論的內容。

通常在「的話」之後，應該接著「那麼就會⋯⋯」或者是「我認為⋯⋯」這樣的言詞，可是這些話大多被說話者忽略，而以「⋯⋯的話」代替之，藉此強調自己對講話內容的堅定意志與主張。

喜歡使用這種「⋯⋯的話」說詞的人，會令周圍的人感受到一種鬥志，所以政治家在闡述自己的政治理想時，或是公司老闆對自己的職員講述個人抱負時，往往會在不知不覺中使用這種口氣。

如果僅是閒聊日常瑣事，實在不需要使用這種充滿鬥志的說法。由此可見，「⋯⋯的話」的說詞，乃是一種僅適用於演說場面的說法，要是在日常生活中也經常使用，則容易製造「說服者」

How to break
the heart of defense
⓵⓵⓷

與「被說服者」的對立立場，而使彼此的談話失去平衡，缺乏和諧性。

這種類型的人大多是認真而純潔，不喜歡拐彎抹角的人，但也因此缺乏圓融與幽默感，說起話來常常是開門見山，沒有一點緩衝餘地。

他們不僅說話如此，即使處理日常生活瑣事，也毫無商量餘地，因此容易造成格格不入的人際關係。

一般而言，常使用這種說詞的人缺乏所謂的寬大胸懷與恢宏氣度。他們有拘泥眼前小事的習慣，遇到疑難時，不論大小，總是追根究柢，不肯罷手。

因此，這類的人大都無法把眼前的事暫時放下，而去處理其他的事情，即使在迫切需要時。

前述類型的人亦可稱之為逆境型。他們大都是個少數派的領袖，或屬於在野陣營，因此讓他們養成具有勇於面對現實的氣魄，遇到發表言論的機會絕不輕易放過，並立刻提出自己的意見，企圖說服別人。

在野身分或是處於逆境中的人，大多具有不安定感，總認為若是不能提出更多的辯解與主張，所處的環境會更加不利，所以他們喜歡利用前述的說法，以強調要點的方式，積極地遊說他人。

具有控制慾的人，無法令人信任

具有控制欲的人，遲早會使周圍的人對他敬而遠之，因為與他交談時必須要有耐心，而且心情經常都處在緊張狀態。

想要把話說得更巧妙，是一門博大精深的心理學，掌握對方的興趣嗜好和心理狀態只是其中的要點之一，必須以更多說話技巧輔助。

細心研讀說話的各種技巧，掌握對方的心思後加以靈活應用，會使你更迅速擄獲人心，也更順利達成自己的目的。

有些人在說話時，會不停地加入「然而」、「但是」……這種連接詞，即使是闡述簡單的意思，也會變得非常繁雜，而無法指出清楚的結論。

有這種習慣，往往在為時不過四、五分鐘的談話中，重複講五、六次「然而」、「但是」……。

我們實在不容易聽出他們話中的重點究竟是什麼？結論又是什麼？真正的意義又在哪裡？說話者不斷重複地以「然而」「然而」銜接話語，否定前面的話，所以使聽者感到厭倦。

但是，這種「然而論法」卻有個優點，說話者可以遵循一定的軌跡，詳細說明自己的見解。因此，會利用這種方法展開言論

H ow to break
the heart of defense
❶❶❺

的人，反應出他們慎重性格的一面。

不過，從另一方面來看，他們的確未掌握說話重點，讓他的思想看起來似乎未曾經過組織。

如果他們的想法完整而有系統，應該可以表達得更明白清楚。

比如先提出總結，再按部就班根據要點一一說明，如此才能使聽者產生深刻印象，並認為說話者的思考清晰而有條理。

不管如何，使用這種「然而論法」的人，思考多半還未理出頭緒，所以言論中存在許多模稜兩可的地方。

如此不但無法有效地說服對方，反而使人猶豫不決，不知是否該接受聽到的言論。

這種說話的方式，也隱藏著巧妙的操縱性。

因為如此說話的人時常會利用「然而……」，把結論一轉再轉，迫使聽者糊裡糊塗採納他的意見。所以，也可以說該類型的人具有控制他人的心理。

這種具有控制欲的人，遲早會使周圍的人對他敬而遠之，因為與他交談時必須要有耐心，而且心情經常都處在緊張狀態。

因為他們往往不知道下一個「然而」將會出現什麼樣的新見解，如果缺乏耐心時，實在難以長久相處。

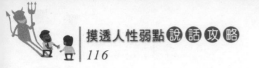
死皮賴臉，說話充滿壓迫感

有的人臉部表情非常貧乏，反應並不太明顯。
因此死皮賴臉的人，為確認自己講話的效果，
常會一再重複使用「所以」二字。

在這個人心叵測的時代，人基於各種目的，難免會說一些假話謊話，因此，平時就要多一點慧眼，尤其在交際場合，更要懂活分辨對方說的是真心話，或者只是場面話，甚至是騙人的謊話。

有些人在講話中，會一直不停使用「而且……」這兩個字。從心理學的觀點看，這是說話者企圖強迫對方接受其自我主張的絕對性心理行為。

據說，在政治界中，以死皮賴臉馳名於世的日本前首相田中角榮，便有這種說話習慣。

本來使用「而且」這個連接詞的用意，是要強調後面的句子，使人留意接下來的話，可是胡亂使用的結果，反而使想強調的句子含糊不清，影響主題的明確性。

講話的人不斷以「而且」強調言論的重心，想迫使對方完全瞭解自己的意圖，並留下深刻的印象，結果卻反而使說詞的重點模糊不清，實在是一件十分遺憾的事。

喜歡使用「而且」語句的人，多半是因為不太瞭解對方，更對對方感到不信任，他們經常會想：「你真的瞭解我的用意嗎？」

How to break
the heart of defense
117

由於這種不安的感覺，老是縈繞心頭，所以不知不覺的就會特別強調談話中的各個段落。

碰到這種類型的交談者，聽話的人大可不必直接糾止，只需明白地把「我懂了！」這種訊息傳遞給他即可。比如，當他講話講到某一段落時，以深深的點頭，或者說：「喔！原來如此！」來回應。

與「而且」的強迫性質類似，上述類型的人經常使用的強迫性語言，還有「所以……」。

一般說來，我們對於透過「所以」這個字眼，企圖說服別人的說話者，開始大都還算樂意接受。

但是，如果說話者連續多次使用「所以」，則會引起聽者的反感。

因為，「所以」表示下結論的意思，若言詞中一再出現「所以」二字，會使聽者產生被壓迫的感覺。

只是，這類型的說話者大都對自己的缺點毫不留意，他們在探究對方反應時，在未獲得對方首肯之前，會不停重複著「所以」、「所以」……。有的人臉部表情非常貧乏，聽人講話時，反應並不太明顯。因此死皮賴臉的人，為確認自己講話的效果，常會一再重複使用「所以」二字，也並非沒有道理。

使用這種詞句最好還是要有個限度比較好，而且最好是在不使對方厭煩的程度下，適當應用才能得到最好效果。

5.

引起親切感，
交往不難

藉由關心對方的家人或
使用流行語引起強烈的親切感，
產生同夥意識，
別人當然樂於與你交往。

引起親切感，交往就不難

藉由關心對方的家人或使用流行語引起強烈的
親切感，產生同夥意識，別人當然樂於與你交
往。

對於初次見面以及了解不深的人，如何藉語言消除彼此之間
的陌生感，縮短隔閡，以獲得信賴，是一門大學問。

自古以來，許多政治家都具有使人覺得親切的本事。他們懂
得利用人性的各項弱點，巧妙使人心悅誠服，無條件接受領導，
值得我們學習。

河野一郎是日本一位元老級政治家，十分懂得利用人們的微
妙心理，藉巧妙語語使人大受感動。

一九五九年，他在紐約旅行時，巧遇了多年不見的好友米倉
近。他鄉遇故知，兩人非常高興地握手寒暄，互道近況，暢談甚
歡。各自回到旅館之後，河野一郎立刻撥了一通國際電話給米倉
近在東京的妻子：「我叫河野一郎，是米倉近的老朋友，妳先生
在紐約一切都很好。」

米倉近的妻子感激莫名，頓時熱淚盈眶。一直到後來，米倉
夫妻還經常向人談論起這件事。

人在潛意識裡，總是會特別掛心自己的父母、妻子等關係親
近的人，一旦發現對方也在關心著自己關心的人，或者具有相同

How to break
the heart of defense
121

的關心心態，大都會產生親近認同感。利用這種共同的心理傾向，先使人產生親切感，接下來，自然能夠成為受人歡迎的人物。

日本昭和初期的政治家田中義一，有一次到北海道舉行一場演說，當地的權貴和百姓們夾道歡迎。

田中義一見狀連忙下車，趨前走進歡迎的行列中，向一位相貌打扮莊重的男士握手寒暄，並誠懇地詢問：「啊！辛苦辛苦！令尊近來好嗎？」

這位男士受寵若驚，卻面有戚色地說道：「家父前年過世了。」

田中義一立刻回答：「真抱歉，我很難過。」

事後，有位隨行人員悄悄地問他：「那位先生到底是誰？」

想不到田中義一說：「我也不認識，但是誰沒有父母呢？即使是過世了，表達一下心意也不打緊的。」

這種做法似乎有點虛假，但相當有效。

在日常生活中，必須經常把「令尊好」、「嫂夫人好」、「孩子們可好」等問候話語掛在嘴邊，如此一來必能使他人覺得備受關心，深深感動。

藉由關心對方的家人，或是使用流行語、當地的方言，可以引起強烈的親切感，產生同屬一個團體的歸屬意識，強調「同伴」、「同夥」的關係，別人當然樂於與你交往。

此外，巧妙選擇稱呼對方的方式，也能夠成功營造同夥意識，增加親切感。

由於工作的關係，日本心理學家多湖輝經常和美國人往來。

在談話當中，他發現西方人講話時有一個共通點，就是他們

習慣於把對方的名字掛在嘴邊，例如「謝謝您，多湖先生」、「多湖先生，你的英文還不太行呢」、「再見了，多湖先生」……等等。

　　但是東方人不是如此，多半只喊對方的官銜或職名，在交際應酬中，總是不習慣直呼名字。

　　兩種不同的稱呼方式會導致不同效果，在與人交談時，西方人透過稱呼對方的名字，能夠輕易獲得親切感，進一步促進彼此之間情感的交流。

　　稱呼對方的名字，不以官銜、地位、職位等面具的虛飾稱呼，多能夠縮短彼此之間的心理差距，於無形中產生親切感，是把話說得更妙的有效技巧。

How to break
the heart of defense
①②③

比較級用詞讓人無法推辭

應妥善運用形容詞，以比較級來取悅對方。比較級用詞最容易提升聆聽者的自尊心，因此也具有較大的影響力。

　　美國著名廣告設計師霍依拉，有一回接受國際紅十字會之請託，以及其他基金勸募勸募團體的要求，代為推展資金勸募工作。

　　他以一種別出心裁的做法展開工作，藉電話以及挨戶訪問，雙管齊下，居然得到了很多人的支持。

　　推展基金勸募，不管名目有多麼冠冕堂皇，總是一件吃力不討好的事。

　　如果直接開口詢問：「請捐獻一點善款作為基金好嗎？」對方往往會毫不遲疑地斷然拒絕。

　　為了避免這種狀況發生，霍依拉總是先聲奪人，以親切、友善，老朋友般的口吻說：「您好，今年打算捐『多少』給我們作為基金呢？」

　　對方原本也許打算一分錢也不捐，但是在這句話中，霍依拉以「去年已經捐過了」作為前提，於不知不覺中滿足對方的自尊，因此，大多數人會自動地慨然答應，掏出錢來。

　　在自尊心受到滿足之後，人便很難鼓起勇氣狠下心去拒絕別人了。霍依拉的一個「多少」形容詞，發揮了大大的作用。

　　有位心理學家蒐集了一百種以上的大眾性刊物，研究其中所有廣告，並且分門別類地加以比較，了解哪一種形容詞被使用得最多、最廣，最後竟然意外地發現，比較級形容詞被運用得最普遍。

　　「牛奶，讓你『更』健康！」

　　「口紅，讓妳『更』迷人！」

　　「電冰箱，使你的家庭生活『更』加美滿幸福！」

　　透過比較級形容詞或副詞的「加持」，這些廣告雖然沒有把被比較的對象明白地表示出來，但已足以令人陶醉了。

　　消費者總是會在不知不覺中，被廣告引入比較級的狀態裡，從中獲得滿足，因此，它也具有較大的影響力。

　　交談中，應妥善運用形容詞，以比較級來取悅對方。比較級用詞最容易提升聆聽者的自尊心，讓他更樂於「捐獻」。

藉同夥意識剷除敵對意識

利用「相互作用影響的體系」，讓「移入感情」發生作用。即使在敵對的關係當中，也能使對方產生「同夥意識」。

把「同夥意識」灌輸到對立或敵對者的腦海裡，是取勝的絕對性關鍵。

因美國獨立戰爭成功而活躍一時的政治家富蘭克林，就是最擅長使人產生同夥意識的說話高手。

有一次，國會召開制憲會議，議決美國憲法，過程中爭論不休，時起激烈的爭執，最後居然演變成對於個人的人身攻擊。

富蘭克林認為，若要使會議圓滿地達到制憲目的，就必須先收拾眼下這種相互對峙的僵局。

於是他起立發言：「坦白說，我個人並不百分之百贊成這部憲法，可是我卻不敢確信，在座的諸位是否也有同樣想法。我已經是耄耋之年了，卻還經常發現自己可能也會犯錯。我確實是固執己見的，但當有了最新最好的資料和更深入的思考時，我也會考慮改變自己的觀點，去容納不同的意見。」

「在一些重要的問題上，我最初以為自己的想法是正確的，然而最後的結果顯示實際上並非如此，於是，我不得不研究別人的不同意見，重新審視過去的想法：『為什麼別人與我不一樣，

自己能保證絕對完美無瑕嗎？」為了讓這部憲法順利通過，諸位是否可以再考慮一下自己的意見呢？」

「自己可能也會犯錯」是富蘭克林這段講詞中的精髓，憑著這句話，終於使國會通過了美國憲法。

行為科學上，這稱為「相互作用影響的體系」，成功的關鍵在於使「移入感情」發生作用。

哈佛研究中心的羅基恩特教授說：「『同夥意識』原則在心理學上曾經做過多次實驗，均極為成功。」

為了研究如何改善人際關係，他將一些原本感情不太和睦的男女學生，兩人一組，分成若干組進行實驗，並囑咐每組的其中一名，要以親切友善的態度和對方攀談，結果，另一名原本與組員不睦的學生，不僅消除了敵意，而且大多化干戈為玉帛，順利和好。

這項實驗的成功率，高達七十到八十五％。

巧用「自己可能也會犯錯」，即使在敵對的關係當中，也能使對方產生「同夥意識」。如果不知道該如何剷除橫亙在彼此之間的感情阻礙，這絕對是一個值得嘗試的說話方法。

How to break
the heart of defense
127

把對方當主角，成效會更好

想要博得他人的喜歡，在交談的過程中卸除心
理防備，就要把對方當作「談話內容的主人
翁」。

有兩名士兵同樣從戰地歸來，回到苦苦守候的女朋友身邊。

其中一位說：「我在外孤孤單單，好寂寞！」

另一位說：「沒有妳在身旁，我好寂寞！」

同樣的內容，不一樣的說法，哪一句更能使女朋友感到開心？

答案當然是第二句。

梅伊博士說過：「愛是感受對方存在的一種喜悅，不僅要確信自我的價值和成長，也要確信對方的價值和成長。認定對方的價值和好意，並且感受到自己和對方交往時的喜悅，便是『愛』的兩大元素。」

這番話似乎有些抽象，表現於言行卻很具體。在說出表示友好和關心對方的話語時，處處以對方為重心，然後再表達自我的想法感受，將會使對方更感到歡欣、喜悅，並使愛情果實豐收。

有位作家雖然名譽不佳，但周旋於女人堆裡，仍然大受歡迎。他之所以能夠得到異性的衷心垂青，正在於熟悉女性的心理，進而加以操縱。

他經常反覆地使用下列語句：

「妳想要說些什麼？」

「我想到妳……」

「我認為妳最合適的……」

「妳擔心的是……」

「記得上次和妳在一起時……」

這幾句話，總是隱隱地表示出「我一直在想妳」的意味，並帶有款款的情意，濃濃的關切。

當然，此類說話的技巧的應用，不只限於男女之間。

瓦納梅是美國百貨業大亨，手下店員多到不知其數。他的過人之處，在於如經顧客舉發某名店員的態度惡劣，絕不會把人叫來痛罵一頓，而是溫和地說：「我想你一定不會做出這件事來的，這絕對是場誤會。」

不但如此，他還會問：「怎麼了？是不是家裡出了什麼事？」

面對關心，店員多會慚愧得掉下眼淚，連聲道歉。

這就是「關切」產生的力量。我們所要學習的，正是瓦納梅在言語中自然透露關心的說話技巧。

想要博得他人的喜歡，在談話的過程中卸除對方的心理防備，一個重要的說話秘訣，就是儘量把對方當作「談話內容的主人翁」看待。

How to break
the heart of defense
129

用「不」來剷除拒絕態度

對方不肯說話，表露出拒絕的態度，因為心裡
充滿了「不」的反抗意識。想使他開口，首先
就要剷除這個「不」字。

詩人紀伯倫曾說：「一個人的實質，不在於他向你顯露的一
面，而在於他不能向你顯露的一面，因此，如果你想了解他，不
要去聽他說出的話，而要去聽他沒說出的話。」

想要溝通順利，就必須把話說進心坎裡；想要把話說進對方
的心坎裡，就必須先看穿對方潛藏的心思，用對方最喜歡聽的話
語，先打破沉默，再準確無誤地傳達自己的意思。

與人相處過程中，如果能順利打破沉默，製造共同的話題，
不啻在人際關係上注入一針強心劑。

那麼，該如何打破沉默？

心理專家在替人進行心理諮商和診斷之時，最令他們感到頭
疼的事，莫過於病人拒絕合作。

這類人不僅一問三不知，甚至不理不睬，只是緊閉著嘴巴，
兩眼傻傻瞪著一個方向，無論怎麼問，就是充耳不聞、毫無反應。

於是，有心理專家針對這種狀況，發明一種特效藥，就是猛
然提出一個會令他提出反駁的問題。

身為主管的人，碰上那些工作表現不佳、受到上司責罵的職

員，不妨對他們說：「你在家裡，和太太、家人，一定處得不好！」

毫不客氣地從他的頭上澆下一盆冷水，他必會氣憤地反駁：「胡說！我和家人一向處得很好！」

人都有自尊心，即使他和家人處得不好，也不願意讓家醜外揚。等到順利使他開口，再抓住這句話作為把柄，追問：「那你為什麼在辦公室裡和同事處不好呢？」

可想而知，他自然會滔滔不絕地說出一大堆理由，把心中的話全盤托出。

對方不肯說話，表露出拒絕的態度，因為心裡充滿了「不」的反抗意識，想使他開口，首先就要剷除這個「不」字。

納德創辦世界上第一家人壽保險公司，手下知名經理人巴頓有一個極為巧妙的交涉小技巧：「我每次和對方打交道，談話一開始，總要提出一個他必然會回答『不』的問題，接著追問他『為什麼』，如此一來，對方立刻落入陷阱中，順利打開話匣子。」

這正如得到一瓶芬芳醉人的香檳，必先使瓶塞「不」地一聲打開之後，才能真正品嚐到美酒的醇郁。

How to break
the heart of defense
131

謙卑，使對方感到優越

懂得尊重人，在滿足對方的優越感同時，顯示
出自我的謙虛，當然更能獲得對方的歡心。

　　美國人際關係權學者貝他博士，在銷售管理雜誌上發表了一
篇文章——《管理人員必須懂得人際關係》。

　　某家頗富盛名的麵包廠總經理讀了這篇文章後，立刻打電話
約貝他博士晤談。

　　博士依約前往，被引進總經理室，略做寒暄後，總經理談到
正題：「如果你來到本廠，能為我們做些什麼呢？」

　　貝他博士想了想，稍微考慮過後說：「我也不太清楚，請讓
我和管理人員先討論討論……」

　　想不到，這位總經理竟然立刻點頭說：「就這麼決定了！廠
裡的事全權拜託你了。」

　　在短短的兩三分鐘內，貝他博士接到了在該廠擔任教育講座
的三年聘書。

　　他自己在事後才知道，竟然是由於那句「我也不太清楚」，
使總經理產生優越感，進而得到垂青。

　　這家麵包廠在不久之前，曾經連續辭退許多管理方面的專家，
原來先前聘請的學者們一個個滿懷自信、嘮叨不休，讓這位總經
理感到很不耐煩。

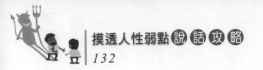

　　貝他博士所說的那句「我也不太清楚」，不僅滿足了對方的優越感，同時顯示出自我的謙虛。以貝他博士擁有的頭銜，還懂得尊重公司中的負責人，當然能獲得對方的歡心。

　　適度表現自己的謙卑，以這樣的態度說話，有助於讓自己更容易地被接納。

How to break
the heart of defense
❶❸❸

以退為進，誘獵物掉進陷阱

「以退為進」原則能在不知不覺中迫使對方做出大幅度讓步，落進「禮遇」的陷阱中，吃虧上當。

　　人的心理不但複雜，且奧妙得不可思議。很多時候，如果自己搶先退讓，對方反而會表現得比你更客氣。

　　第二次大戰期間，產業界嚴重缺乏人力資源，因此零售業者想盡辦法從各方面減少送貨人手，有一家商店便巧妙利用了上述心理。

　　當顧客買下大批貨物後，店員會主動且客氣地詢問：「是否需要我們派專人將貨品送到府上？還是您自己順路帶回去？」

　　結果，大多數客人都表示願意自己將物品帶回家。短短兩年之內，那家商店的送貨量便減少了七十％左右。

　　由上述所舉例子，我們可以知道，當一個人潛意識裡的願望、要求完全如願以償，心中多半會產生輕微的罪惡感，願意稍做讓步，答應對方的請求，否定自己原本抱持的意圖。

　　這種策反心理，應用在職場管理中也同樣行得通。

　　某公司業務遽增，員工們已經連續加班好幾天，主管實在開不了口要求員工再加班了，但堆積如山的業務又非得完成不可。

　　此時，不妨改變口吻詢問：「今天實在太累了，我不知道是讓大家早點回家好呢？還是再加一天班好呢？」

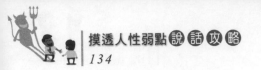

　　採用這種說法，絕對比強硬地說：「今天再加班一天！」更為巧妙。

　　使用商議性口吻說話，能夠降低對方的抗拒心理。

　　這是一種「以退為進」原則，能在不知不覺中迫使他人做出大幅度讓步，落進「禮遇」的陷阱中，吃虧上當。

How to break
the heart of defense
❶❸❺

性格慎重的人難以親近

經常以「我認為如此」下結論的人，會使人產生冷漠的感覺，彷彿說話者置身事外。

性格慎重的人，講話聲音多半較小，並且速度較慢，似乎對吐出的每句話都經過慎密的思考、選擇一般。甚至，還會習慣在語尾上附加一句：「我真的認為如此」，這是慎重型的人具有的特徵。

作風慎重的人講話時大都儘量避免使用肯定語氣，經常以「我認為如此」做為演說的結語。他們提出的言論，會令人感覺發言之前曾用心思考過，與他們談話時，也能察覺出他們很尊重對方的意見或辯解。

這樣的人總是先認真傾聽別人的見解，然後以謙虛的態度，仔細思考之後，再說出自己的意見。所以在這方面，會讓人覺得他們是彬彬有禮的紳士，因而對他們產生良好的印象。

但是，由另個角度來看，經常以「我認為如此」下結論的人，會使人產生冷漠的感覺，彷彿說話者置身事外。

通常慎重型的人即使本身處於問題的漩渦中心，心裡也會希望退一步，離開風暴，以旁觀者的角色來探測問題。

　　所以，他們具有評論家的氣質，尤其一旦遭遇麻煩或不順時，他們懷有預留退路的想法，也會較其他人來得強烈。不！應該說他們為避免發生危險，對每件事情的處理都非常小心。

　　因此，從聽者的立場來看，這種評論家的作風，總是顯得事不關己。

　　儘管他們會參與事情的討論，可是卻有意無意拉遠自己與事情間的關係，使人覺得他們有逃避責任之嫌。所以，大家即使聽到他們所講的話，也無法深刻體會到這些話的真正含意。

　　慎重冷靜的思考或發言，雖然是解決問題的必要條件，可是這種發言卻缺少激發他人同意自己論點的動力，無法創造出解決問題的氣氛。

　　與其如此，講話時夾雜著比手畫腳的強調動作，不顧一切深入問題中心的熱烈態度，反而能夠普遍獲得人的信賴與好感。

　　但是，在制度已經上軌道的龐大組織當中，這種「我認為如此」的慎重型人物卻相當被器重。

　　慎重的個性使他們飛黃騰達、平步青雲，因為公司的規模越大，越希望其成員細心謹慎。這種環境，對做事謹慎、不出紕漏的人非常有利。

　　不過，一般而言，他們的地位高昇還是有限的。習慣說「我認為如此」的人，做事雖然十分用心，但言詞方面卻缺乏幽默感，使人難以親近。因此屬下、同事對他的印象大都非常平淡，這種人要想出人頭地也是十分困難。

How to break
the heart of defense
❶❸❼

罵人重疊連發，讓人有氣無處發

重疊連發式罵人，不僅不會令人生氣，反而會
沖淡對方的記憶，心理上的疙瘩也不至於太過
於深刻。

如果突然有人指著你說：「你這個混蛋！」即使他有天大的理由，你必定仍會感到非常不高興。

但是，如果懂得說話的方法，即使罵了人，對方還會認為你罵得好、罵得對，甚至拍手叫絕。

以下提供一些實際的例子。

許多電視劇中，我們常會見到如下的台詞：「你這個陰險、毒辣、卑鄙、無恥的小人，滾蛋吧！」

夏目漱石在他的名著《少爺》一書也曾寫道：「這高級混蛋、騙子、假道學、江湖郎中、走狗，吼起來像狗叫的混小子！」

這兩種罵法，看起來都把對方罵得狗血淋頭，可是太多的壞字眼堆砌在一起，反而給人一種「可愛」的感覺，即便氣在心頭，卻怎樣也發不出來。

心理學者曾進行一項「逆行抑制」實驗，安排受試者在無意識下學習拼綴甲系列文字，再學習拼綴相當類似的乙系列，最後

學習丙系列。結果，竟改變了他最初對甲系列的記憶。

這項實驗的結果，證實了乙系列的學習會抑制對於甲系列的學習，從而造成對於甲系列的遺忘。

由此可知，將許多罵人的辭彙累積，反而會沖淡對方的記憶，心理上的疙瘩也不致於太過於深刻。

同樣的道理，孩子們常會在玩鬧時使用謾罵式用詞，例如「羞羞臉」等，雖然是罵人的字眼，卻很少令人生氣。

日本著名小說家生犀，在他的名著《兄妹》當中，描述妹妹罵哥哥「酒鬼、浪子、色鬼……」，哥哥則回罵她「小瘋子」。

這種罵法並不表示兄妹之間相互憎惡，事實上，連續式的對罵反而更能突顯出親密的手足之情。

重疊、連發式的罵人方式，不僅不會令人生氣，有時反而能夠增加彼此的感情，是一種相當有意思的小技巧。

How to break
the heart of defense
139

用詞精簡也能引起共鳴

無論是語言也好，文字也罷，除去其中的贅詞冗言，用最簡短的方式表達自己的意思，就能夠產生精簡且感人肺腑的話語。

有句成語「言簡意賅」，在日常生活中則常常可以聽到「長話短說」，這都是一種談話的藝術。

確實如此，有些人說話時語尾多，顯得過分冗長，將會大大降低整段談話帶給人的重要性。

俗話說「寸鐵殺人」，短語更能引起聽者的共鳴。一篇歷久彌新的絕妙短文，精闢又能觸及問題核心，必定比長篇大論更能發揮效果。

據說德川家康的家臣曾修一封簡短的家書，信中只寫了「小心火燭，不要哭泣，照顧馬匹」等字，道盡了一切心思，以至於為人們津津樂道。

法國大文豪雨果函詢著作的銷售情況，信上僅有「？」，出版社老闆亦極為機智幽默，回信上也只有「！」一個驚嘆號。

由此，作家和出版商之間又憑添了一段佳話。

這麼簡單的符號，如此精簡的幾個字，竟然能傳遞所有感情，它的形成絕非不是一件容易的事，需要當事人彼此達到「心有靈犀一點通」的境地。

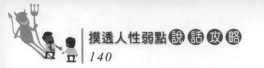
　　無論是語言也好，文字也罷，期望達到效果，首先必須決定自己真正想要表達的意思。一個字可以表達的，就不需要用到一個詞；一個詞可以表達的，就無需用上整句話。試著儘量用最簡短的文字表達自己的意思，依循此種途徑，自然能夠產生一席精簡且感人肺腑的話語。

6.

換個說法，
就可以改變對方的想法

引導想法的說話方法，
對於任何誤以為自己有許多毛病的人，
通常都相當適用，
可有效解除心理上的困境。

引人發笑，迴響會更好

如果能巧妙運用幽默感與優越感這兩項原則，
那麼即使講的是刻板嚴肅的事情，也會引人注
意、妙趣橫生、讓人發笑。

日本人千里昌夫先生，曾享譽日本歌壇，以一曲〈星光華爾
滋〉轟動一時。

他是日本岩手縣人，每次出現在電視螢光幕前，節目主持人
總是這樣介紹：「歡迎我們的岩手之星！」

主持人話聲甫落，台上台下以及螢光幕前，必然會響起一片
哄然大笑。

這句話能逗得觀眾大笑，是因為「岩手」以落後、地廣聞名
全日本，總是給人一種土氣鄉巴佬的印象，「岩手之星」的「星」
自然非常不符合岩手縣給人的形象。鄉巴佬和大明星，怎麼看都
像是八竿子打不著的兩樣事物。

正因將兩種差別甚遠、性質迥異的詞彙結合在一起，幽默感
於焉產生，自然引人發笑了。

與人交談時，如果能夠把握這個原則，幽默感必會源源不絕。

笑，在任何場合都可以製造歡樂愉快的氣氛。

自古以來，許多專家學者發表過各種研究報告，其中都有一
個共通點——優越感所在之處，笑聲必常相左右。

How to break
the heart of defense
❶❹❸

這就表示，讓人產生優越感，自然而然地，他便會發笑。

有很多例子可以證實這個原則，以下便是其中之一：

前日本首相池田勇人精於數字，但拙於外交。

有一次，在國會諮詢會議上把「禮節」（Etiquette）這個外來語說錯了，議員們大笑著問他是否知道出了什麼錯，他立刻答道：「喔！我不會說法語，所以我並不知道這個字的正確發音。」

這麼一答，議事場裡更是哄堂大笑了。

一次無傷大雅的幽默，在內閣政府陷入窘境的時刻，無形地替他化解了當時的緊張氣氛。

Etiquette 這個字，英、法文中都有，池田首相是不是故意說錯，我們不敢妄自斷言，但是在別人聽來，心裡必定會下意識地萌生了「至少我沒有他這麼笨」的優越感，於是乎，大家都開心地笑了。

全體議員就這麼放了池田首相一馬，可謂是因禍得福。

池田以「顛倒立場」來製造優越感，由首相之尊的優勢地位，主動降至劣勢。用這種方法，更能增添逗人發笑的雙倍幽默效果。

擅於逗別人發笑者，一定都能了解這一點，並經常使用這種「給人優越感」的說話法則緩和氣氛，爭取支持。

小丑、相聲、喜劇演員等以逗人發笑為業的人，在表演時都能秉持這個原則，連續不斷地製造笑料，讓觀眾樂不可支。

他們的手段、方法，不外乎使觀眾們產生一種錯覺，以為這些表演者「絕不會這樣輕浮、瘋狂、沒有修養」，但是，他們的

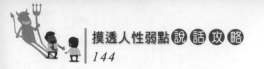

演出居然真是這樣，如此突然，卻又如此自然！

巧妙運用幽默感與優越感這兩項原則，那麼即使講的是刻板嚴肅的事情，也會引人注意、妙趣橫生、讓人發笑。

親身實踐體驗，你必定同意：引人發笑，迴響會更好。

How to break
the heart of defense
145

扭轉地位，撤除對方的防備

如果上位者能主動且不露痕跡地和下屬親近，便能突破兩者之間立場上的懸殊，一掃心理上的隔閡。

　　為人上司，往往只要說一句聽來極平淡的話，就足以激起部屬們的雄心和興趣。相反的，也可能因一句帶命令式的言語，使員工們懶洋洋、無精打采。

　　「麻煩你做這件事，好不好？」

　　「你去做這件事！」

　　兩種不同的口吻，所產生的後果將截然不同。

　　一位職員升為課長、主任、經理，或其他更高的職位以後，多半會在不知不覺當中改變自己說話的口吻，似乎不這樣便不足以表現自己的新身份。

　　事實上，如能捨棄語言具有的身份表徵功能，不做作、不驕矜，不僅會受到更多尊敬，同時將更容易領導部屬，使員工們投入工作。

　　某一年，美國田納西州進行州長選舉，有兄弟二人同時出馬角逐。

　　哥哥的親民工作非常到家，親吻孩童、攙扶老人，並且特地製作了許多日曆和扇子送給選民，大家都稱讚他是個充滿愛心的

候選人。

弟弟則與他完全相反，沒有優雅的姿態和親民的舉動，卻有一個特殊習慣，在公眾場合演說時，總會先在口袋裡一陣掏摸，然後伸手向群眾說：「誰有香煙？請給我一支抽抽。」

想不到最後竟然是弟弟當選了，而且得到壓倒性的勝利。

原因何在？那是因為選民們有了個錯覺：「他有求於我呢！」這位政治家經常忘了帶香煙，自己則有能力幫助他，因此贏得選民的熱烈支持。

社會地位越低下，心理上的自卑感也越濃厚。

如果上位者能主動且不露痕跡地和下屬親近，便能補償自卑的意識，很快地突破兩者之間立場上的懸殊，一掃心理上的隔閡。

因此，「官僚式」口吻往往見於惡化的群體關係當中，成了阻礙人際關係發展的障礙。持這種態度的上司，往往容易招來部屬的反抗，導致命令無法貫徹。唯有扭轉口吻，視對方為與自己身份相同者，才能順利跨越上司和部屬之間那道看不見的鴻溝。

舉例來說，身為上司，在要求部屬執行命令時，不妨這麼說：「不好意思，有件事拜託你。」即使是經常唱反調的員工，遇到如此場面，多半都會欣然同意。

將對方濃濃的自卑感轉化為優越意識，他的內心一定會自鳴得意，做起事來自然幹勁十足，這就是語言的效果。

「疑問句」的效力，更勝於命令

疑問句可以用來引導部屬們的判斷力，巧用疑
問句能給予對方軟性衝擊，加強期望狀態，從
而願意主動加速進行某件工作。

作家柯立芝曾經這麼說：「言語是人類心智的軍火庫，藏著
以往的戰利品，更藏著征服未來的武器。」

想要說服別人按照自己的意思去做，嚴格講起來，一點都不
困難，問題就在於，你是否讀懂對方的心思，是否站在對方的立
場著想。

同樣一件事，用兩種不同的話語表達，最後的結果往往南轅
北轍。

如果你可以在言談間看穿對方正在想什麼，便可以輕鬆地站
在對方的角度說出他最能欣然接受的話。

日本天皇御用攝影師熊谷辰夫，說過一則有關皇妃美智子的
故事，顯示出她相當懂得語言的心理戰，能巧妙運用「疑問式比
命令式」原則。

有一天，熊谷辰夫奉命進宮替皇太子浩宮拍照，攝取彈琴的
鏡頭。可是由於場地太小，浩宮彈得又快，再加上全是高音階，
效果非常不好。

如果雙手能移向低音階彈奏，取景便會方便許多。

　　他為這件事大傷腦筋，卻又不便啟口，此時，美智子會意地說：「浩宮，你試著彈彈低音階，看看會不會更好聽？」

　　當皇太子將雙手移向低音鍵的那一剎那，熊谷辰夫把握了這難得的好機會，按下快門，成功拍出一張很具效果的照片。

　　美智子不用「彈低音」的命令口吻，而改用疑問的語氣，證明了她是一位精通兒童心理學的皇妃，能用最富技巧的方式說話。

　　心理學家普遍認為，希望孩子們聽話，採用對話的方式，效果往往不會太顯著；如改用命令口氣，雖然能夠達到預期的效果，但因強制性太重，常會使孩子們失去自發自動精神，因此採用疑問句是最佳選擇。

　　這種情形，當然不僅限於孩子，在工作中，疑問句更可以用來引導部屬們的判斷力，促使奮發振作。

　　「如果選擇這麼做，結果會如何呢？」巧用疑問能給予對方軟性衝擊，加強期望狀態，從而願意主動加速進行某件工作。

　　當然，想要利用這種方法，必須以了解對方個性和當時的心理狀態為前提，否則將可能適得其反。

How to break
the heart of defense
149

肯定是最有力的激勵

激發別人的幹勁，不應全憑自己的判斷，而是
要把對方抬高，在他已有的實力上添磚增瓦，
以締造更高的成就。

在這個有能力也要懂得表達自己的時代，想要和別人進行有
效的溝通，就必須留意自己說話的技巧，用最動聽的話語，表達
自己的意思，把話說到別人的心坎裡。

口才好，懂得站在對方的角度，把話說得恰到好處，就能左
右逢源。相反的，若是不關心說話對象，不懂得說話的藝術，便
註定處處屈居下風。

日本游泳女將前田秀子在奪得貝魯林世運會冠軍之前，曾以
十八歲的年齡參加於洛杉磯舉行的前一屆世運會，以○‧一秒之
差敗給澳大利亞選手，只奪得銀牌與金牌擦身而過。

在慶功宴上，當時的東京市長永田秀次郎問她：「第一次參
賽便拿到銀牌，一定很高興吧？」

「對，我很高興，做夢也沒想到自己會拿到銀牌，更沒想到
還刷新了全國紀錄。」她笑著回答。

「我還為妳可惜呢！只差○‧一秒。妳縮短了全國紀錄有六
秒之多，如果能縮短至七秒的話，金牌不就是妳的了嗎？再試試
看，再努力四年吧！下一次說不定能拿到冠軍！」

　　事實上，前田秀子本來打算就此悄然從泳壇引退，可是東京市長的這番話打動了她的心，助她下定決心向〇‧一秒挑戰。

　　果然不負日本國民的期望，她在四年後的貝魯林世運會裡奪得冠軍。

　　激發別人的幹勁，不應全憑自己的判斷，而是要把對方抬得更高一點，在他已有的實力上添磚增瓦，以締造更高的成就。

　　永田秀次郎市長當然知道縮短〇‧一秒是何等困難艱鉅，但因善用肯定句，前田秀子聽了，又豈能表示「我無法再快」？除了勤練四年，接受別人賦予的信心，硬起頭皮再次挑戰，實在別無他途。

　　這就是肯定性言語的力量！

How to break
the heart of defense
151

以自責代替斥責

責人時引出自責，往往會收到更佳的效果。同
時也要注意切莫帶有諷刺意味，否則只會帶來
反效果。

錯誤或衝突造成以後，與其譴責對方，不如以自責的態度來
處理事情，更容易讓對方自我反省。

日本名評論家丸岡秀子曾在雜誌上發表過《連繫內心的話》
一文，其中有如下一段，值得再三玩味：

丸岡小時候，在學校裡做錯了一件事，被級任老師狠狠地責
罵了一頓，末尾還加了一句：「唉！我恐怕教不了這個孩子！」

這件事一直讓她記憶到今日，造成非常深遠的影響。

那位教師把過錯歸咎在自己的「能力」不足，所以對丸岡秀
子產生了一輩子的影響。

日後她在教訓自己的子女、學生時，總是自責似地說：「我
不能把你們教成這樣的孩子哪！」

用自責代替斥責，往往會收到更佳的效果。

這種自責方式，可以廣泛地用在人際關係上。

妻子不希望丈夫喝酒，與其叨嘮不休，大可以說：「我實在
不希望讓自己的丈夫成為酒鬼。」

對於工作不力的部屬，主管也可以對他們說：「一定是我指導無方，要不然你們怎麼會這樣！」

這種方式可讓人自我反省，但同時也要注意切莫帶有諷刺意味，否則只會使狀況惡化，帶來反效果。

想要溝通順利，就必須把話說進心坎裡；想要把話說進對方的心坎裡，就必須先看穿對方潛藏的心思，用對方最喜歡聽的話語，準確無誤地傳達自己的意思。

同樣一件事，用兩種不同的話語表達，最後的結果往往南轅北轍。如果你可以在言談間看穿對方正在想什麼，便可以輕鬆地站在對方的角度說出他最能欣然接受的話。

How to break
the heart of defense
153

活用數字，就能增加可信度

「語言的尾數」本身就是最善、最美、最真的廣告。儘量不要以整數概略言之，將能提高真實感，接收者才有考慮與注意的可能。

由數字產生的效應，稱為「感光效果」。

「感光效果」因人而異，先了解對方信賴什麼，然後運用你們的言談之中，就能活用說話術，把話說進對方的心坎裡。

在日本，有位藥房老闆到太陽銀行請求貸款，申請單上填了「九十一萬元」。經理土田正男是企業調查的行家，立刻注意到一萬元的尾數。

他問：「這位老闆，為什麼不貸款一百萬或九十萬元呢？」

「只要九十一萬就好。九十萬不夠，一百萬多了點，貸款過多需要負擔不必要的利息。這個數目銀行不會不方便吧？」

「不會！不會！」就因為這「一」萬元的尾數，取得了銀行的信任，經理立刻蓋上「照准」的大印。

比起整數的九十萬或是一百萬，多了個尾數的九十「一」，正是增強他人信任度的關鍵技巧。

風行歐美的象牙香皂以「九十九‧四四％純度」做廣告，不附和同類產品的「絕對純度」，小心且謹慎地誇張自己，卻增加

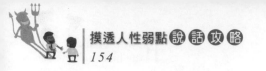
更多的真實性。

對於小數點，人們一向不重視它的價值，但在數字後面添加尾數，如上述的九十九·「四四」，卻能給人一定經過嚴密科學分析與檢驗的錯覺。

大眾傳播媒體專家普亞斯汀說：「製造印象和錯覺的首要條件，要能『以假亂真』，讓每個人都以為是『真』的。最大要訣，是著眼於使『對方容易相信』的觀點著手。」

「語言的尾數」本身就是最善、最美、最真的廣告。

儘量不要以整數概略言之，將能提高真實感，接收者才有考慮與注意的可能，否則，無論辭藻再美、語氣再誇大，都難以達到預期的目的。

利用數字確實能夠增加可信度，有許多人就相當信任數字情報。

英國政治學家迪斯萊利曾有一句名言：「謊言分為三種，單純謊言，令人討厭的謊言，以及統計數字。」

在謊言中加上統計數字，能有效提高可信度，使對方深信不疑。有許多人在公眾演說當中，為了不使聽眾對於演講內容感到懷疑，會像真有那麼一回事一樣，列舉一連串數字作為補充說明。

果然不出所料，原本昏昏欲睡的聽眾都不再打瞌睡，而且聽得入神。

因此，若在爭論中也插入幾個有事實根據的統計數字，一定會提高說服力。

How to break
the heart of defense
155

連續暗示有助於激勵鬥志

暗示的作用在於策動對方接受不知不覺當中的
潛移默化,目的是為了影響心理,使學會自動
自發,而非聽命於人。

「暗示」往往只需一兩句話,但效果不小。

日本作家柏原兵三先生,曾得過芥川龍之介文學獎,年僅三十八歲便在文壇上享有盛名。

據說,每當他陷入寫作低潮時,總愛在夜深人靜的時候打開住家三樓的窗戶,向天空大喊三聲:「我是天才!我是天才!我是天才!」

這絕對不是他終於被壓力逼瘋了,而是一種具有鼓勵作用的「自我暗示法」,若是運用於他人身上,便是「他人暗示法」。

「他人暗示」分為兩種,一種是直接暗示,一種是間接暗示。

不論是促使對方直接了解,或感覺於無形的間接了解,暗示的目的都是為了策動對方,接受不知不覺當中的潛移默化,目的則在影響心理,使他學會自動自發,而非聽命於人。

在早期,市面上出售的教學錄音帶經常有這類暗示的短語出現,例如一捲練習英語的錄音帶,中間會出現這麼幾句話:「我今年剛考上大學,只花了兩個月時間,便完全領會這錄音帶所說的內容。」

　　「我只花了兩個月時間」，這是句平淡、簡短的句子，出現在每一課文章的開頭，這卷錄音帶恰巧有二十課，所以這句「只花了兩個月時間」，就要聽上足足二十遍。

　　一開始，聽的人也許並不以為然，甚至可能感到非常厭惡，但是聽久了之後，就會漸漸產生「你兩個月學得會，我當然也能」的念頭，無形中便觸發了一股好強、向上努力的決心。

　　活用「暗示」，會在不知不覺中激發了鬥志。

　　遇到陷於低潮的部屬、學生、後輩時，不妨嘗試這種方法。最重要的秘訣就是反覆使用，必須使得對方對自己產生信心，能自動自發去向問題挑戰。

換個說法，就可以改變對方的想法

引導想法的說話方法，對於任何誤以為自己有
許多毛病的人，通常都相當適用，可有效解除
心理上的困境。

　　語言專家貝爾曾經寫道：「一句話往往再加上幾個字，就可
以讓別人原本不想聽的話，變成別人願意聽的話。」

　　溝通其實沒什麼特別的秘訣，就看你是否懂得站在對方立場
看問題，是否懂得站在對方角度說話，然後在話語之中改變對方
的想法。

　　想要提昇自己的處世競爭力，說話辦事一定要講究策略和技
巧；只要換個說法，你就會恍然發現，說服別人其實沒那麼困難。

　　換個說法，往往能改變對方原本的想法。

　　「我是……」這個口頭禪，可能隱伏著很多意外的陷阱，容
易令人誤會這個人本身有很多缺點。

　　例如，如果你說：「我是個口吃的人。」別人就會認定你經
常口吃。這個錯覺產生之後，包括你自己在內，每個人都在下意
識裡肯定：這個人有口吃的毛病，在任何場合都會口吃。

　　日本口才專家齋藤津子，試圖矯正一位印尼僑生口吃以前，
和他先做了兩小時的促膝長談。結束之前，她對他說：「你知道
嗎？其實你並沒有口吃的毛病，根本用不著矯正。」

　　僑生聞言大感意外，一時之間不知做何反應，只愣愣地看著她。

　　「你只是在發破裂音和摩擦音之時比較不順暢，所以重複了幾次而已，那不能算是口吃！」

　　「但我真的是個有口吃毛病的人。」

　　「沒這種事，你真的多心了，只要在有空的時候多花點時間練習這兩種音，就可以改善了。」

　　這位年輕人非常高興，陰霾與煩惱全都拋到九霄雲外，逢人便說「我不是口吃者」，人生觀因而完全改變。

　　這案例點出一個事實，語言不是全能的，它並不能表達思想的全部，有時連完整的事實也難以勝任。

　　有些年輕朋友總是說：「我在陌生的環境裡就會臉紅。」

　　如果應用齋藤津子的方法，那麼可以試著告訴他：「你只是在遇到長輩或初次見面的陌生人時，才會由於惶恐不安而臉紅。」

　　他自己則應該改口這麼說：「有時我會臉紅……」

　　或者更詳細一點說：「在人多的地方或是跟長輩說話時，我會臉紅。」

　　這種引導想法的說話方法，對於任何誤以為自己有許多毛病的人，通常都相當適用，可有效解除心理上的困境。

How to break
the heart of defense
❶❺❾

二值問題助人脫離困境

成功運用「二值思考」，在單純的兩個問題
間，誘導接收訊息者，引導思考路線，迫使對
方必須做出唯「一」的抉擇。

陷入絕望與可能失敗的處境時，人必須決定究竟是要選擇「堅
持到底」，還是「就此死心」。

這時，拋出二值問題，無疑是讓自己得到脫離絕望的機會。

有位叫作史汀普斯的人，在十多年前有過一個新創意。

史汀普斯原本在棒球場附近販賣各種冷飲，但每當夏天的腳
步一走，便很難維持生意，生活頓失經濟依靠。

這一年，他靈機一動，把一張紙分成兩半，貼在欄杆上，一
半寫著「夏天已逝，本店冷飲部結束」，另外一半則寫著「冬天
已然來臨，本鋪熱飲部即將開張，敬請期待」。

然後他準備了大量的三明治、熱咖啡、麵包、熱湯等等，果
然受到顧客的歡迎。

沒過幾年，史汀普斯成了富翁。

這是成功運用「二值思考」的典型案例，語意蘊藏不易被人
察覺的唆使意味，在單純的兩個問題間，誘導接收訊息者，引導
思考路線，迫使對方必須在正邪、是非、善惡之間做出唯「一」

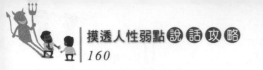

的抉擇。

　　正因為它是單純的，且不容逃避，反而將人從絕望中拯救出來。當處於生死關頭，為了活命，人只有在「奮戰」與「逃避」之間做出明智的抉擇。

　　誰都不願意選擇失敗，所以會說：「那好吧，我再試一次！」因而能夠從絕望中站起來，東山再起。

　　在注重自我行銷的商業社會裡，說話已經成為專門藝術，只要增強說話能力，就能無往不利。

　　培養自己的說話能力，其實就從小技巧的訓練開始，只要願意開始，你就可以讓自己的言談技巧展現力量。

別讓話題被抽象的思考限制

始終停留在固執的爭論中，不僅無法順利打開僵局，還讓彼此都迷思在抽象的思考當中，無法跳出巢臼。

有時候，人與人會對於某個問題糾纏不清，在彼此均陷入窘境又不能馬上中斷時，岔開話題便是最上策。

使用較抽象的話語，較容易岔開話題，或另啟爭論。

譬如一位汽車推銷員發生了車禍，他必會想盡辦法利用各種外行人聽不懂的詞彙來解釋原因，試圖蒙蔽旁觀者。

由於專門術語只有具備專門知識者才懂個中三昧，因此應用以提高抽象度是岔開話題的好方法，很容易取得辯論中的優勢，獲得最後的勝利。

始終停留在固執的爭論中，不僅無法順利打開僵局，還可能使彼此都迷失在抽象的思考當中，無法跳出巢臼。

看看以下這段對話：

「剛才聽了您的演說，佩服之至，可否請教一個問題？」

「請說！」

「何謂人道主義？」

「固守做人本分。」

「何謂固守做人本分？能否請您具體加以說明？」

「就是神給予人的資質。」

「例如什麼呢？」

「理性就是最好的比喻。」

「理性又是什麼呢？」

「理性是和感情相反的東西。」

「這麼說，擁護理性的人，就不該有感情了。」

「不可以這麼說，人應該兼具感情和理性。」

如此無益地爭辯下去，何時方休？

人道主義、神、理性、感情等字眼往往最難定義，一味以抽象語解釋抽象語，豈不是更加抽象？

「外在實證可能性」的功用，便是避免始終在「文字遊戲」裡兜圈子，這也是「純粹數學」和哲學性的詞句難以博得一般人贊同的原因。

如何有效打破爭論的圈套？以下提供一個例子：

前幾年，日本發生震驚全球的聯合赤軍血案。聯合赤軍首領森恆夫被緝捕歸案後，負責偵訊的員警卻很有自知之明地說：「森恆夫是一個革命理論家，如果純以理論和他辯駁，實在無法取勝，倒不如就事論事，採用開門見山、單刀直入的方法，說不定會有更好的效果。」

果然，這位老牌員警成功讓森恆夫俯首認罪。他一開始就避免引用難解的理論，儘量使用具體的詞彙，把焦點引到現實當中，即使對方心堅如鐵，也無話可說，只有坦然承認。

意識論學者雅克教授說過一段話：「抽象度的檢定，並不是

How to break
the heart of defense
❶❻❸

以高或低來衡量，須視它能否適用於更低的水準。例如，『美國菜的做法』這句話還是太含糊，仍應再稍微降低抽象度才更容易被人接受，不妨說『美國的家常菜做法』、『美國的西餐做法』……」

　　由這些話看來，若要避免掉入抽象爭論的迷團裡，只有儘量使用具體的話，同時注意，即使說出抽象度較低的話，也必須能夠與現實以及日常生活上的種種問題連結起來，互相印證，才能收到期望的效果。

7.

技巧性接話
有助於套出真話

附和對方的語意，他便會迷失在想說的話當中，甚至誤以為那就是自己談話的中心，而毫不忌憚地繼續說下去。

死纏爛打不是最好的方法

銷售員光憑韌性死纏爛打,並不是最好的辦法,聰明的銷售員通常的做法是:受到拒絕後,認真思考這個客戶對自己所銷售的產品,究竟有沒有潛在需求。

業務員的工作相當辛苦,沒有刻苦耐勞的精神很難幹下去。

刻苦耐勞是銷售人員必備的基本要件,同時也是一個銷售人員的資本。例如,即使是夏天,在毒辣的太陽下,我們總會看到一些銷售員行色匆匆,渾身冒汗地走訪客戶。

業務員若是沒有刻苦打拼的精神,光躺在辦公室裡吹冷氣、掛掛電話,就妄想訂單如雪片般從天而降,可能就會餓得前胸貼後背。

要做成一筆生意,往往無法一帆風順,會遇到許多困難與障礙,這時就要想辦法解決自己遭遇的問題。一定要有韌性、耐心,百折不撓。如果一遇到困難就打退堂鼓,一遭到拒絕就灰心了,那就什麼事都做不成了。千萬要記住「精誠所至,金石為開」這句至理名言。

在知識掛帥的時代,動腦是銷售的第一步。

日本棒球明星落合博滿獲得「三冠王」殊榮,接受媒體採訪時說:「我能獲得這個頭銜,並非由於過人的天賦,也不是拼命練習的結果,而是對棒球的熱愛與不斷思考。」

How to break
the heart of defense
167

事實上，不論生意也好，運動也好，有許多一流的從業人員並不是全靠埋頭苦幹而得到今日的地位，而是不斷地追求完美，同時善於思考。

有句俗話說：「大腦宛如鐘錶，只有不停地走才不會生鏽。」

懂得不斷思考尋求最佳答案的人，工作效率一定優於僅知道拼命工作的人。這也正是頂尖高手與平庸之輩的最大差異所在。

法國思想家伏爾泰說：「人生就是不斷思考的過程。」

的確，每個人都得認真思考，因為，行為正是思考主導之下的產物。但是，並不是所有的銷售員都懂得思考。

所謂「思考」，其實是不斷的探討與嘗試錯誤後，尋找出正確答案及最好的方法。

例如，有許多業務員誤解了「鍥而不捨」的意義，以為即使是遭遇客戶一再拒絕也不死心，只要不斷地拜訪客戶，最後，對方終究會被自己的誠意感動，而做成了生意。

這種想法，就是未經過深度思考，一味以字面上的意思來解釋「鍥而不捨」。這種努力不懈的銷售精神，固然也是重要的法則，但認真地檢討銷售的真諦，就必須以更審慎更有效率的態度行之，否則不可能獲得最完美的結果。

我們不妨換一個角度分析，一個銷售員不斷地拜訪拒絕銷售的客戶，最後可能終於成功；還有一種可能是，這個客戶最後連門也不開。因此，銷售員光憑韌性死纏爛打並不是最好的辦法，聰明的銷售員通常的做法是，受到拒絕後，認真思考這個客戶對自己所銷售的產品究竟有沒有潛在需求，如果根本沒有這種需求，何必消耗大量的時間去換取一次又一次的「閉門羹」？

　　銷售員的每一次銷售行動都應以「審慎思考」做基礎，並不斷地調整出擊的對象，從中摸索出最佳的行銷兵法，經過日積月累，才可能使自己的業績大幅增長。只有對所有的顧客都加以注意觀察、分析、總結、歸納，才能使自己的工作做出成績來。

　　只有做一個「有心人」，才能捕捉到每一個細微的變化，做出迅速的反應，把不同的產品販售給最適當的顧客。只有勤於思考，才能領悟銷售的竅門，才能提高銷售業績，才能做個頂尖的銷售員。

How to break
the heart of defense
169

針鋒相對使人無言以對

對方提出詰問，必定希望你依照他的目的來進行，一旦發覺你的回答完全是針鋒相對，就足以令他手足無措、無言以對了。

　　二次世界大戰以後，日本保守派最傑出的謀士三木武吉，幫助鳩山一郎順利當上首相，才華蓋世、機智絕頂的表現令人為之讚佩，可是他總難逃女人的引誘，緋聞一直不絕。

　　三木武吉晚年，有一名婦女團體的代表前來拜訪，很不客氣地詰問：「三木先生，您的一舉一動都能影響國家社會，如此情況下還和兩個名女人搞七捻三，這到底是怎麼一回事？」

　　三木武吉聽了卻一臉無所謂，淡淡地回答說：「才不止兩個，可能您想像不到，我現在正跟五個女人有關係、有往來呢！」

　　這位婦女代表愣在當場，無言以對。

　　他繼續說：「這五位女士在我年輕時處處照顧我，現在她們徐娘半老，甚至老態龍鍾了，我當然應該在經濟上幫助她們，並在精神上支持她們。」

　　這位婦女代表一聽，不但不再責怪他，反而感佩萬分。

　　同一時期，擔任日本勞工運動主持人的太田薰，說話技巧也非常高，比起三木武吉毫不遜色。

　　有一次，鋼鐵勞動聯盟組織推派一位代表拜訪太田，說他不該如此畏畏縮縮，並嚴厲指責他領導的勞工運動無法為工人爭取福利。

　　太田立刻反駁：「你們以為美國的勞工聯盟全被右翼份子把持嗎？他們即使發動大罷工，最後也僅能熄火待命。你們呢？言論表現如此激烈，可是又有什麼真正成績？」

　　大聲叱喝之後，這位代表當即閉口，以後再也不敢來囉唆。

　　三木武吉和太田薰之所以能在盤詰之下立刻還以顏色，有效封鎖對方的攻勢，讓他們知難而退，原因不外乎下列三項：

- 全盤了解對方的目的
- 考慮自己的目的
- 調節兩者的進行順序

　　對方提出詰問，必定希望你依照他的目的，依循某些規則來進行，一旦發覺你的回答完全是針鋒相對，有排山倒海之勢，自然會感到手足無措、無言以對。談話時，適時亮出自己的底牌，是掌握主控權的好方法。

How to break
the heart of defense
171

技巧性接話有助於套出真話

附和對方的語意,他便會迷失在想說的話當中,甚至誤以為那就是自己談話的中心,而毫不忌憚地繼續說下去。

懂得說話技巧,就沒有打探不出的秘密。

想要使談話成功,令對方屈服,就要想盡辦法誘使對手多開口,才能打探洩露出來的情報,達成意外的效果。

這就必須盡可能地附和對方,以降低戒心。

日本知名播音員高橋圭三,就是位「附和對方」意見的高手,在此引述一段他和歌星村田英雄的談話:

村田:「我剛剛加盟 NHK 公司的時候,經濟情況比較拮据。有天錄音結束得較晚,他們派司機開車送我回家。那是輛最時尚的轎車,坐在車裡非常愜意,可是想起我寒酸的住所,如果讓他們看到了,實在不像話……」

高橋:「他們沒有把車子停在你家門口吧?」

村田:「是的,我就怕這樣,幸好我靈機一動,想起自己家隔壁是一棟富麗堂皇的洋房。」

高橋:「於是你有了妙計,對嗎?」

村田:「沒錯,轎車開到那棟洋房時,我就馬上對司機說:『到了,就是這兒,謝謝!』」

高橋：「因為夜深了，你沒請他進去坐一會兒。」

村田：「對，我正是這麼對他說，你怎麼知道的？」

從這段對話，可以清楚看出高橋圭三如何引導對話的進行，讓村田英雄說出了難於啟齒的過去。

每句話或提示都很短，但都預先附和了對方的語意，這就是聰明的地方。

善用技巧性接話，就沒有打探不出的秘密。

對於任何人，不論對方的名氣有多大，只要懂得附和對方的語意，他便會迷失在想說的話當中，不僅無所迴避，甚至誤以為那原本就是自己談話的中心，而毫不忌憚地繼續說下去。

這種說話術沒有別的訣竅，完全在於站在對方立場，鬆懈對方的警戒心，使他感到備受重視，心情愉快，自然就滔滔不絕地說下去了。

H ow to break
the heart of defense
173

明槍比暗箭更難防

單純明快的理論最容易讓人中計上當，即使後
來發現自己被迷魂陣欺騙，卻已經措手不及，
喪失最佳的反擊時機。

談話是促進人際關係的有聲媒體，也是情感交流的手段，互
訴心聲的工具。

但是，正如同水能載舟，亦能覆舟，它像一把「兩面刃」，
經常將人導入錯誤的判斷或紛爭中。

美國過去有位最得人緣的政治家，名為戴恩將軍，但也以好
色聞名。

某次發表競選演說時，一名聽眾因為不滿他的私生活，竟當
眾責問他的不檢點。沒想到，戴恩只靠三言兩語，便使對方啞口
無言。

聽眾：「將軍，您的意見我都贊成，但請您少玩弄女人好嗎？」

將軍：「是這樣嗎？請問這位先生，您是不是堂堂男子漢？」

聽眾：「是啊！我當然是。」

將軍：「那麼，如果有位極漂亮的女孩子要你愛她，你忍心
拒絕嗎？」

聽眾：「這個……」

將軍：「我相信你同樣不會拒絕的，是吧？」

　　戴恩採用的是「趣味邏輯」三段論法——男人愛女人，你是男人，所以你也喜歡女人！

　　在這段簡短的對話裡，戴恩巧妙地避開了「道德」問題，僅就男女之間的喜悅進行討論。

　　此類單純、明快的理論最容易讓人中計上當，即使後來發現自己被「三段論法」的迷魂陣欺騙，也已經措手不及，喪失了最佳的反擊時機。

　　政治家們就經常利用這種方法攻擊對方的弱點，所以我們常常可以聽到某些要人在分析一個極為重要的問題時說：「這個問題有三項重點：第一是……第二是……第三是……」

　　輕描淡寫地分析了整個問題，聽者往往被搞得昏頭轉向，誤以為事情真的如此簡單，殊不知它並不是只有三點而已，很可能有第四點，而這個第四點，才是問題的真正核心。

　　可見，明快的理論方式，最容易使人受騙上當。

　　若無法直接解決一個問題，也可藉一段引言沖淡問題的嚴肅性，再導引聽者步入錯誤的判斷當中，同樣是取勝的好方法。

謠言越誇張，越能讓人緊張

謠言牽涉的範圍越大，往往越具說服力，由於不
能得到正確的情報，以致產生了不安和恐懼。

一九四二年五月，日本政府利用前線軍事吃緊、二次大戰正
打得激烈時，進行了一項有關謠言流傳的實驗。

日本軍方和警視廳急欲知道國民對政府發佈之消息的不信任
程度，以及謠言流傳的速度和過程，於是派人散佈謠言。

有一天，在札幌車站，來了兩個目光銳利的男子，兩人在候
車室裡聊天，忽然神秘地向其他候車者說：「我剛剛看到一個美
國大兵，身穿紅色的斗篷，腳上卻穿了日式拖鞋……」

事實上，這兩名警視廳派出的便衣刑警，正在利用自身巧妙
的演技，悄悄地把這個「謠言」傳播到周圍乘客的耳朵裡。

二十四小時以後，這則「謠言」竟然傳到了首都東京。

當時由札幌到東京的行車時間正好是二十四小時，可知那班
車的乘客就成為謠言的搭載者，以每小時四十三公里的速度將訊
息傳播到首都去。

人人都知道，德國納粹首腦希特勒是二十世紀最大的謠言家，
他有一句千古不朽的名言：「謠言越大，越使人深信不疑。」

究竟何謂謠言？

　　謠言即是具有特定目的，且以煽動人心為意圖的意見交流。因此越能加深恐懼和不安的謠言，越能獲取對方的信任。

　　由於不能得到正確的情報，以致產生了不安和恐懼。謠言之所以能蠱惑人，便是巧妙地利用了這個弱點。

　　流言和傳說，可謂謠言的「手足」。

　　流言的性質，限定對公共性問題，缺少事實的根據。傳說則是朋友之間的情感交流，較欠缺流言的共通性。但不管怎麼說，這三者的本質是相同的。

　　學者波斯曼是研究流言的權威，曾指出：「流言的強度與感染性，視事情的重要性與曖昧性決定。」

　　因此，不論是流言、傳說，或是謠言，牽涉的範圍越大，則越具說服力。所謂「範圍」，指接受者持有的關心態度，或針對所受影響的程度深淺。

　　任何公司或組織面臨人事異動，或政治大選到來，通常是謠言專家活動最頻繁的時候。對於自己非常關心但尚未明朗化的事情，必須分外小心謹慎，否則，也許上了謠言家們的當還不自知呢！

藉不同形象造成混亂印象

在同一時間內，用多種不相同的形象記號，使
人得不到統一的印象，將可把對方的記憶和思
考全都攪亂。

有一位政治立場態度曖昧的政客，提到某位老政治家時說：
「這位老先生在政治舞台上真是個不倒翁，一直位居顯要。」

聽到這段話的人，通常會有兩種印象：

一、 這是位勤政愛民、憂國憂民的偉大政治家。

二、 這是位長袖善舞，政壇的卑劣政客。

在國會或地方議壇上，你是否注意到執政者多做諸如此類的
答辯：「這個問題確實刻不容緩，但也必須要好好考慮，仔細研
究才行。」

你是否會因此被這位政客迷惑？

既然是有燃眉之急的重大事件，為什麼不立刻處理？

「好好考慮」、「仔細研究」，不是在拖延時間嗎？

這句話確實很有問題，當中的意思互相矛盾，技巧地混合了
事物的兩面，擾亂聽者的判斷，使人如墜入五里霧中。

在一同時間內，用多種不相同的形象記號，使人得不到統一
的印象，將可把對方的記憶和思考全都攪亂。

　　莎士比亞在名著《亨利四世》中，有一段描寫霍魯斯塔這個匪黨決定金盆洗手的場面。但事隔不久，他的夥伴哈魯遜力邀他再幹最後一票不法勾當時，他竟然立刻應允了。

　　別人問他何以如此不守諾言，想不到霍魯斯塔卻這麼回答說：「哈魯遜對我說：『去吧！去吧！這是我們的職業。人若不忠於自己的職業，那真是罪過呀！』因此，我就去了。」

　　哈魯遜把搶劫當成職業，把兩個性質完全不同的形象記號連結在一起，成功地使霍魯斯塔喪失正確的判斷力，於是再次選擇同流合汙。

　　芝加哥某報社曾經如此介紹一位英國上議員：「他是一位得到兩次最高榮譽的上議院議員。」

　　但在隔天卻又說：「他是左翼勞工無黨派組織所選出的上議院議員。」

　　這麼一來，讀者們對這位英國上議員失去了統一的印象，他的身價自然會在無形之中被貶低。

　　有些職員口口聲聲說要辭職不幹，可是在工作上卻比以往賣力，意圖使競爭者對他失去注意力，也是基於同樣的道理。

　　藉不同形象混淆印象，是用言語避開危機、傷害對手的有效策略。

How to break
the heart of defense
179

用聽不懂的詞語設騙局

將某種事情描述得像是真的有那麼一回事，就
會令人難以分辨真實性，進而達到矇騙他人、
擾亂視聽的目的。

日本文學泰斗芥川龍之介，曾「矇騙」過廣大的讀者。

芥川龍之介在《奉教人之死》這一小說裡，一而再，再而三
地提起一本名叫《雷根達歐雷阿》的稀有古版書。

全日本立刻掀起搜尋這本古版書的熱潮，書店的電話響個不
停，瘋狂的讀者、經營古書店的老闆們，全都著迷於追尋那本古
版書的下落。

但問清真相之後卻教人洩氣了，因為事實上，除去《奉教人
之死》，芥川龍之介本人以及任何一位專家學者們，從來沒有提
過這個名字。

原因無他，《雷根達歐雷阿》只不過是個「騙局」，純粹是
芥川龍之介個人一時興起的捏造而已。事實上，他本人做夢也不
會想到這一招竟然能夠掀起軒然大波。

東方人似乎或多或少都有崇洋的心態，任何東西只要被標上
外文，便像是鯉魚躍龍門般高貴起來。芥川龍之介這位文學大家，
就是運用一般人的這種心理，巧妙地「騙人」。

夏目漱石於《我是貓》一文中，描述主角苦沙彌遭到小偷光

顧的情形：

警察：「你們有什麼東西被偷？」

「和服腰帶被竊。」

「共值多少錢？」

太太不知道，苦沙彌先生隨便說了一個數目。

想不到太太卻堅持：「不止值那些錢！」

結果夫妻倆吵了起來，苦沙彌一怒之下，大聲喝道：「妳自己都不知值多少錢，怎麼知道不是那個價錢？妳真是個『歐多均‧巴諾歐卡斯』！」

一下子，太太停止了叫嚷，連警察也愣住了，因為他們聽到「歐多均‧巴諾歐卡斯」這個從未聽過的辭，難以分辨那究竟代表什麼意思，氣焰自然消弱，喪失了還擊能力。

事實上，根本沒有那句外來語，完全是苦沙彌自己隨口亂說而已。

將某種事情描述得像是真的有那麼一回事，就會令人難以分辨真實性，進而達到矇騙他人、擾亂視聽的目的，這是把話說得更妙的絕招。

How to break
the heart of defense
181

援引實例最有說服力

用爭論駁倒對方,雖然在理論上獲勝,但卻難
使人心服;從例證著手,最能引動情感,讓他
人對於你的意見或說法欣然同意。

俄國文豪屠格涅夫曾經寫道:「生活本來就不是什麼別的,
只不過是經常克服矛盾而已。」

其實,說話的原則也是如此,該認真的時候認真,該灑脫的
時候灑脫,該放鬆的時候放鬆,這才是最有效的溝通。

此外,遭遇別人質疑之時,想要提升本身的說服力,就得適
時援引實例。

有一位旅遊書作者這輩子都沒有出過國門,卻寫了本《海外
旅遊指南》,並且還十分暢銷。

知道這件事的同行大為嫉妒,有一天故意對他說:「你哪裡
都沒去過,怎麼能寫這種書呢?不是擺明了在騙人嗎?」

他的回答相當出人意料:「從沒去過巴黎的日本散文名家×
××,寫出的《巴黎指南》不也是人人愛讀,不忍釋手嗎?」

這種有先例可循的答辯,最能使人知難而退。

用爭論駁倒對方,雖然在理論上獲勝,但對方即使口服,卻
難以心服;從例證著手,則最能引動情感,讓他人對於你的意見

或說法欣然同意。

有位作家在荳蔻年華時完成許多篇戀愛小說，篇篇華麗曲折，章章絢爛細膩，風靡成千上萬的少女。

對此，有位評論家毫不客氣地提出批評：「她自己仍然待字閨中，怎麼能夠如此大膽地寫出夫婦之間真實的生活？」

她得知這則評論之後，立刻反駁：「如果依照您的意思，那些描寫囚犯經歷、敘述帝王奢華生活的作家們，一定進過監獄，當過皇帝了！」

這位評論家啞口無言，從此不敢再啟戰端。

這位作家引用一個事實俱在的例子，和自己的立場相提並論，任何人在同視兩者之後，當然獲得相同結論，這就是她的聰明處。

把握說「不」的時機

在談判中說「不」的時候，既要維護對方的自尊，又要申明自己的主張。在這類情況下，可以運用先肯定後否定的語氣。

在談判過程中，不同意對方意見的時候，一般不宜直接表示拒絕，應該儘量用　些稍微溫和一點的否定性詞語來表達自己意見。例如說：「我十分理解你們的立場與意思，但是……」這種委婉的拒絕方式，既能傳達出自己的反對意見，也不會令對方生氣，能避免產生衝突。

談判之時，說「不」的時機要選得恰到好處。在事前的準備工作中，就應該事先估計對方會向你提出的種種條件、建議，並且考慮自己應該在什麼時候說「不」。

那麼，說「不」的時機又該如何拿捏呢？

試著想像一下，若是自己提出的所有條件，對方都無一例外地說「不」，那你肯定會認為這個人不講道理，甚至還會認為他根本就是來搗亂的，毫無合作誠意，相對的，自己在說「不」時，也應該考慮到這點。

在說「不」的時機方面，可在無關緊要的細節問題上儘量說「不」，使對方習慣你這樣回答，讓他認為你是個不好應付的人。

但是，一旦對方的建議合理或對自己有好處時，就要立時表示同意。

在一連串「不」之後的一個「同意」，會使對方感到像是在黑夜中，突然看到了一點燭光一樣，如此也讓對方明白，你不是個蠻不講理的人。

另外，說「不」的時候，既要維護對方的自尊，又要申明自己的主張。

在這類情況下，可以運用先肯定後否定的語氣，像是：「我很喜歡您這樣的想法，但是……」

這樣會使你和對方都感到說「不」與接受「不」，不是件很困難的事。

口氣決定你的運氣

如果說興趣，是談話的潤滑劑，

那麼，風趣幽默就是銷售的調味料。

冗長而無趣的銷售、說明是很煩人的，

銷售員如不能適時來一點「噱頭」，

客戶就會昏昏欲睡。

口氣決定你的運氣

如果說興趣，是談話的潤滑劑，那麼，風趣幽默就是銷售的調味料。冗長而無趣的銷售、說明是很煩人的，銷售員如不能適時來一點「噱頭」，客戶就會昏昏欲睡。

　　通常，當你知道你的客戶的興趣、愛好後，充滿熱忱地與他談論這些的話題，你會發現得到的是完全不同的反應。因為，那是客戶的興趣所在，可能是他的生命之焰。

　　但是，你在與客戶談論他們的興趣時，最好不要中途突然提及你的產品。興之所在，客戶會覺得與你相當投緣，這樣的話，以後做生意就不成問題了。

　　打動人心的最佳方式是，跟他談論他覺得最彌足珍貴的事物，當你這樣做時，不但會受到歡迎，也會使生命、事業得到擴展。

　　此外，要記住話多不如話好，話好不如話巧，多說「妙語」、「笑話」，必定能幫助你在銷售領域事業亨通。

　　如果說興趣，是談話的潤滑劑，那麼，風趣幽默就是銷售的調味料。冗長而無趣的銷售、說明是很煩人的，銷售員如不能適時來一點「噱頭」，客戶就會昏昏欲睡，當然，更多的可能是一走了之。

　　有位頂尖的行銷心理學專家，在總結銷售工作的說話技巧之

How to break
the heart of defense
187

時，把幽默感分為三個層次：

第一是談吐風趣，而且能被自己所說的笑話逗樂；

第二是有領會各種事物幽默之處的能力，並與別人一起歡笑；

第三是勇於笑談自己，以樂觀的態度面對挫折與失敗，這樣的人才能做到真正的風趣幽默。

如何才能使自己充滿幽默感，發揮幽默的力量呢？

幽默不是天生而成的，是透過人的智慧創造出來的；會說妙語也不是天生就會的，是透過不斷的練習與學習而熟能生巧的。

妙語是可以創造的，只要細心觀察，就可以把周圍的人物所發生的故事，轉化成幽默的素材。

有一個十分敬業的空中小姐曾經敘述自己第一次上飛機的糗事。

她在機艙裡看到一對年輕的夫妻抱著一個小嬰兒，便走過去問有什麼需要她幫忙的地方。年輕的夫妻搖搖頭，嬰兒則乖乖地睜著眼睛看著她。沒能為旅客服務，讓她覺得有些遺憾，並且有一片好心被拒絕的難堪。

這時，她猛然發現這個嬰兒竟然是個玩具娃娃，隨即靈機一動，半開玩笑地說：「好吧，等寶寶需要餵奶時，儘管叫我。」

這對年輕夫妻一聽，忍不住笑了出來，「小嬰兒」更是咯咯地笑個不停，周圍的旅客知道後也忍俊不住，機艙裡的氣氛頓時既融洽又活躍，大家爭著抱玩具娃娃，誇獎玩具娃娃做得太逼真。

開個得體的玩笑，鬆弛神經，活躍氣氛，也能創造出適於交談的輕鬆氛圍，而且這種玩笑往往能發揮改變環境氛圍的作用。

因此，具有幽默感是好多公司對銷售員素質的要求之一。

　　但是，開玩笑千萬不能過頭，而且內容要健康，態度要和善，而且行為不能過度，譬如，千萬不能拿顧客的生理缺陷開玩笑，也不能拿風俗習慣開玩笑。

　　前美國總統雷根是一個喜開玩笑、富有幽默感的人，可有時他太隨興，玩笑開得太過火，因而惹出許多不必要的麻煩。

　　例如，有一次，他在國會發表演講之前，為了試試麥克風，竟說了一句：「先生們請注意，五分鐘之後，我們將對蘇聯進行轟炸。」

　　此話一出，全場嘩然，蘇聯還對此提出了嚴重抗議。雷根的這個玩笑不符合場合與對象，當然讓在場的人士笑不出來，而是叫人大吃一驚。

How to break
the heart of defense
189

真誠地讚美你的客戶

讚美應是真誠的，虛假過分的恭維只是拍馬屁，這樣只能導致失敗。銷售員應學會敏銳地發現對方的優點，給他誠實而真摯的讚美。

美國心理學家威廉‧詹姆士說：「人類本性最深的企圖之一是期望被讚美、欽佩、尊重。」

被讚美可以說是人的一種心理需要。

其實，每個人的潛意識裡都渴望被人讚揚，因為那樣才會知道別人對自己的認同。

有一個老師曾做過一個試驗，將一個班的學生分為兩部分，對一部分的學生和顏悅色，而且常常是讚賞與疼愛，對另一部分學生則是板著一副臉孔，常常加以苛責與批評。

結果學期末，常被讚揚的那一部分學生，學習成績大幅上升，而另一部分經常被責罵的學生成績則慘多了，他們的成績大幅下降，甚至有人覺得老師面目可憎，對上課一點也提不起興趣。

有一個喜歡自助旅遊的女性到過許多國家旅遊，別人都認為她一定會很多種外語，結果她說：「其實，我每到一個地方，只學會了兩句話，那就是『你好』，『真漂亮』。」

光憑這兩句話，就使她順利解決了食衣住行方面的難題，由此可見讚美別人的妙處有多大。

　　但是，銷售員拜訪客戶時，也不能光說讚美的話，那會讓人對你的話裡的真實成分產生懷疑，顧客會認為你是為了讓他買你的東西才不得不恭維他，並不是發自真心。

　　讚美應是真誠的，虛假過分的恭維只是拍馬屁，這樣只能導致失敗。銷售員應學會敏銳地發現對方的優點，給他誠實而真摯的讚美。

　　銷售員必須以找出對方的價值為首要任務，這樣，便會使銷售在友好、和諧的氣氛中完成交易。

　　當你讚美一個人的優點，有可能那是他自己都沒有發現的，對方會因此對自己有了新的認識，可能會由此而創造出一個嶄新的「自己」。你可能也沒有想到自己在他的轉變中，扮演了鼓勵他、幫助他發現自我的角色，只感覺到對方對你的好感越來越強烈。

　　發自肺腑的讚美，能產生意想不到的奇效。濫用的讚美、毫無誠意的虛偽之詞，則恰似拍馬屁拍在馬腿上，只會讓對方感到嫌惡。

How to break
the heart of defense
191

不要滿口都是生意經

不急著開口談生意，等於使自己有一個緩衝的
機會，可以趁機觀察客戶的個性、興趣愛好、
講話方式及講話內容等，藉以調整自己的講話
方式。

　　日本著名的經濟評論家高島陽曾經說過一句膾炙人口的話：
「一見面就談生意的人，是三流的銷售員。」

　　也就是說銷售員不妨先與顧客交流一下情感，引導顧客表達
自己的看法。例如被允許進客廳或辦公室，老練的銷售員一般會
裝出驚喜的樣子說：「哇，你家裝修好時髦、好美觀呀」、「你
們這裡好乾淨啊」、「你們這裡好熱鬧呀，一定有什麼高興事」
……等等，並且真心讚美值得讚美的地方。

　　不急著開口談生意，等於使自己有一個緩衝的機會，可以趁
機觀察客戶的個性、興趣愛好、講話方式及講話內容……等，藉
以調整自己講話時的重點。

　　我們常見有些三流的銷售員，一進門不管客戶聽不聽得明白，
就嘰哩呱啦講一大串話，速度又急又快，弄得顧客不知所云。這
樣的銷售員，縱使講得口乾舌燥，最後還是被戶主拒之門外。

　　協調的講話方式，猶如中醫的「望、聞、問、切」，根據顧
客講話的特點，調整自己的內容、速度、語調、音量……等。

　　當你急於銷售自己的東西，說話的速度就難免會加快，音量

也會提高，就會顯得比較急躁。

這就像你與人爭論一個問題，不管自己的答案正不正確，倘使不能說服對方接受，就會越來越急躁，最後音量也達到了最大，語速也快了不少，不知情的人可能會過來問：「怎麼回事，是在和誰吵架？」

這些都是銷售員應該避免的，一個好的銷售員應該視顧客為自己的上帝，應充分協調好與「上帝」的講話方式，你會發現「上帝」其實並不都是挑剔的。

《孫子兵法》有云：「攻心為上，攻城次之。」

一個人的心理變化是相當奇妙的。在日常生活中，顧客的心理活動有大致的共同軌跡，銷售員掌握了這一軌跡，就能以不變應萬變，自然會成功地銷售出自己的東西。

一般情況下，顧客在和銷售員打交道的過程中，就如初見一個陌生人一般，會產生戒備和不安，也會產生害怕上當的心理。

這時，就需要銷售員的說服功力，顧客可能會相信銷售員，對產品有大致的瞭解，但仍不會全然相信，即使在最後決定購買時，總是會懷疑自己買的東西是否貴了。所以，在銷售東西時，千萬記住：讓顧客自己做決定。

How to break
the heart of defense
❶❾❸

用心去了解自己的顧客

與顧客保持同樣的語言、習慣，以同樣的方式
行事，持同樣的興趣愛好，甚至宣稱有同樣的
信仰，顧客就會對你產生認同感。

美國銷售心理學專家羅伯特·德格魯特曾經這麼說：「在銷售行業，你要想成功，你就必須明白自己的產品和服務對顧客具有什麼樣的價值，你得用心去瞭解顧客。」

因為，顧客具有支配本身貨幣的權力——買或不買；身為消費者，他們希望自己的需求得到滿足。

瞭解顧客，應該瞭解以下三方面：一是顧客的社會階層；二是顧客的習性特徵；三是顧客的需要，或廣義上的消費者需求。

一個業績非凡的化妝品銷售員在總結自己的成功經驗時說：「我的前輩常教導我說，要瞭解化妝品的本質。化妝品不是生活必需品，而是奢侈品，昂貴的化妝品，正好可以滿足某些女性特有的虛榮心。所以，在銷售時就要多費功夫，多利用讚美的語言，讓顧客油然生起愛美之心。」

與顧客保持同樣的語言、習慣，以同樣的方式行事，持同樣的興趣愛好，甚至宣稱有同樣的信仰，顧客就會對你產生認同感。

這一點對於建立信任感，使彼此相互理解至關重要。

作為一個銷售人員，講話的方式應該靈活多變，與顧客立足於同一層次、講同樣的語言，這一點非常的重要。

顧客的一般特徵可以經由觀察和聊天中得到，這比單純地從側面打聽顧客更易於把握，但這並不是說銷售人員就可忽視其他瞭解顧客的途徑。

顧客的一般特徵包括性別、年齡、婚姻狀況、愛好與娛樂、外表以及常用物品等。就性別來說，若顧客是異性，那麼，你的交談能力就顯得更加重要。

據心理學家測試的結果，東方國家的銷售人員面對異性顧客，尤其是年輕美貌的異性顧客都會感到拘謹，這可能是某些傳統的觀念使他們不能輕鬆自如地進行交談所致。

其實，與異性顧客打交道，重要的是不能隱藏任何一種感受到的情感。

就年齡而言，若顧客的年齡較小些，你就應盡自己的經驗做到對他有所助益，幫助他並獲得他的尊重。

顧客的婚姻狀況，對你如何介紹產品的用途是一個有用的訊息，因為，幾乎每一類顧客都會根據個人或家庭的需求，來衡量你所銷售的產品或提供的服務是否適用。面對已婚的顧客，在銷售的每一個階段，都應盡可能地把顧客夫婦雙方都考慮在內。

如何讓自己的「語言」動聽？

> 若要語言動聽，讓聽者產生愉快的感覺，就要
> 適度把對方當成談話的中心，使對方在心理上
> 獲得一種被尊重或寵愛的感覺。

平時，我們與人交談、交往的時候，大都希望自己能在對方心目中留下一個良好的印象，因此，莫不講究語言方面的技巧和修辭。

語言的技巧，著重在「巧」字上。掌握了一定的語言技巧，對於日常的交際活動肯定大有助益，但是光講究技巧，本身卻欠缺美感就會充滿匠氣，反而俗不可耐。

要使對方與你交談之後心情舒暢愉快，除了注意說話技巧外，還得從兩個方面來考慮，第一是要給人優雅的視覺形象，第二是要給人悅耳的聽覺形象。

俗話說：「佛要金裝，人要衣裝」，得體的打扮能使對方留下賞心悅目的印象。服飾的搭配要與交談的場景、氛圍相和諧，穿著打扮必須符合本人的年齡、職業和性格。另外，與人交談還應該注意交談的姿態，即使是在非正式場合，也不能忽視自己的舉止風度。

請記住，站有站相，坐有坐相，千萬不要表現出一副懶散的模樣。

再者，要懂得尊重交談對象，不要在交談時蠻不在乎地翹腳搖腿，或擺出一副好像很了不起的架式，那是一種很沒有修養的表現。

精神面貌也是視覺形象的一個重點。面色灰暗的人應當適度補妝，上了夜班，眼圈發黑的人應該睡一覺以後再與人交談。誰願意和一個無精打采、說話總是哈欠不斷的人交談？

與人談話的時候，臉上最好帶一抹微笑，因為微笑是人與人之間溝通的橋樑。但是，萬一真的笑不出來的時候，也不必費心強裝笑臉，只要以誠摯的態度交談就行。

說話的時候，切記不要舉止輕佻、面部表情誇張、說得口沫橫飛，這些醜態都會令人反感，但是，過分的拘謹也沒有必要。

大家都曉得，若要語言動聽，讓聽者產生愉快的感覺，就要把握抑揚頓挫，注意氣氛，適度把對方當成談話的中心，使對方在心理上獲得一種被尊重或寵愛的感覺。對方明白自己在他人心目中的位置，當然心花怒放。

因此，語言要動聽，要使對方感動，應該時時把對方放在談話的主角位置。

即使對方出了差錯，批評對方之時，也仍然要把對方放在主要位置上。

如此一來，對方會覺得人格受到尊重，即使你沒有嚴厲地批評他，他自己也會深刻地反省，把以後的工作做得更好。

How to break
the heart of defense
❶❾❼

如何使自己成為「銷售王」？

> 想要成為一個頂尖的銷售員，應該具備讓人信賴的形象，然後活用行銷心理學察言觀色，才能隨時瞭解客戶隱藏在心中的真實意圖。

　　行銷心理學家羅伯特·路易斯·史蒂文森在提及銷售這個行業時說：「其實，每個人都靠出售某些東西維持生計，只是形式不同。」

　　銷售是最古老最原始的行銷手段，遠從以物易物的蠻荒時代開始，人類就有了銷售行為。但是，不可否認的，縱使到了電子商務蓬勃發展的今日，以人為主的銷售行為仍然是最直接、最有效的銷售方式，無法完全以其他行銷手段加以取代。

　　既然銷售是世界上最古老的職業之一，隨著時代的演進，銷售員就有著五花八門的「稱號」，例如外務、營業員、業務代表、業務經理、銷售顧問、銷售專員……等等。

　　在美國，有難以計數的人從事銷售工作，但是，只有百分之十懂得用好口氣創造好運氣的銷售員能夠締造輝煌的業績，榮登銷售的頂峰，成為眾所矚目的「銷售王」（Top Salesman），其餘百分之九十的人則在曲折而又崎嶇的銷售道路上，氣喘吁吁地望塵興嘆。

　　對企業來說，「銷售王」無疑是傑出的「大人物」，因為他

們能以嫻熟的銷售技巧賦予商品生動的靈魂，讓顧客注意它，繼而喜愛它，並心甘情願地為它掏出錢包。

　　發明大王愛迪生曾說，成功是百分之一的天賦加上百分之九十九的努力；行銷的領域也是如此，想要成為首屈一指的「銷售王」，也必須靠著百分之一的天賦加上百分之九十九的勤奮。

　　很少人天生就是銷售大王，也很少人天生就具有銷售的才華。只要你不懈地努力，鑽研說話和銷售的秘訣，終有一天也會跨越那百分之十的門檻，登上「銷售王」的寶座。

　　想要成為一個頂尖的銷售員，首先應該具備讓人信賴的形象，然後在與客戶進行良性互動的過程中，活用行銷心理學察言觀色，才能隨時瞭解客戶隱藏在心中的真實意圖。

　　當然，風趣幽默的說話技巧與和顏悅色的銷售態度，也是成為「銷售王」不可缺少的關鍵要素，因為，你談話的「口氣」，將會決定你的運氣。

H ow to break
the heart of defense
❶❾❾

自信與熱情必須恰到好處

過分的熱情，甚至搖尾乞憐地討好顧客，反而
會讓人覺得你太沒有格調，也不會信任你所銷
售的產品。沒有自尊的熱情、友善，充其量只
能算作諂媚。

我們必須清楚，自信並不是自負。

一個頂尖的銷售員絕不是那種自吹自擂的人。因為「老王賣
瓜，自賣自誇」的銷售方式，只會讓人嗤之以鼻，消費者最討厭
的就是那種誇大其詞、給人油嘴滑舌感覺的銷售員。

頂尖的銷售員能夠在言詞方面自我克制，專注於銷售，忍讓
顧客，絕不和顧客發生爭辯。

對人友善，必有回報。小狗表示友善就搖搖牠的尾巴，人則
用微笑來表達。友善就是真誠的微笑，親切的關懷。

和田里惠是個懂得「用口氣創造運氣」的銷售高手，曾經連
獲日本全國銷售競賽獎，七次獲得到海外旅遊渡假的機會。和田
里惠對慕名前來打聽銷售絕招的人說：「我不認為銷售有什麼秘
訣，只是我太喜歡這個工作，銷售成功了固然帶來欣喜，即使失
敗了，也交了不少朋友。」

她每次前去海外旅遊，總會給她的客戶寄上一些風景明信片，
她說：「一則是問候他們，二則感謝他們，並請他們分享我在海
外所見的美麗風光。畢竟是因為他們的幫助，我才有機會獲獎

的。」

　　當然，自信、熱情、友善都需要恰到好處。

　　過分的熱情，甚至搖尾乞憐地討好顧客，反而會讓人覺得你太沒有格調，也不會信任你所銷售的產品。沒有自尊的熱情、友善，充其量只能算作諂媚。

How to break
the heart of defense
201

銷售員必須具備什麼魅力？

> 銷售員沒有金錢慾望不可能成為「銷售王」，
> 但是不能貪婪過度。日本經營大師松下幸之助
> 說得好：「利潤是企業為公眾真誠服務之後，
> 所獲得的報酬。」

　　有位詩人寫過一句寓意悠遠的小詩：「黑夜給了我黑色的眼睛，我卻用它尋找光明」，把它用在銷售方面也頗為適合。

　　唯有擁有誠實正直的心靈，一個人才能用黑色的眼睛尋找到光明的遠景，尋找到屬於自己的金錢、榮譽。

　　某天，一個身穿工作制服的人開著一部卡車，進入市的一家汽車維修廠保養車子。保養完畢後，他自稱是某某運輸公司的資深司機，要求老闆在他的帳單上虛報一些零件費用，好讓他回公司請款，並且暗示會給老闆「好處」。但是，他的要求被老闆毫不猶豫地拒絕了。

　　那個司機見老闆「不識好歹」，便大聲嚷嚷：「大家都是這麼幹的，我的生意可不小，我們公司有很多司機，如果你跟我合作，以後他們就會常來光顧，何況現在修車拿回扣是保養廠公開的秘密，你不遵守這個『行規』，鐵定沒生意上門，我看，你的維修廠也別開了！」

　　老闆聽了十分火大，要那人馬上出去，到別處去談這種「生意」。

忽然間，那位司機轉怒為笑，並且露出敬佩的眼神握住老闆的手說：「其實我就是那家運輸公司的老闆，我一直在尋找一家信得過的維修廠當固定的配合廠商，你想不想和我談這筆生意呢？」

這家運輸公司的車輛大部分在市營運，以往若是車子故障或需要保養，都是由司機自行找維修廠，不少司機趁機浮報費用。經過這番測試後，這家公司規定，所有的車輛都必須到這家維修廠維修，或指定裡頭的技師出勤。

維修廠的老闆正是因為誠實可靠得不通「情理」，反而獲得大客戶的信賴，得到一筆固定的大生意。這個例子充分告誡我們：誠實一定會獲得回報。

記住美國行銷心理學家羅伯特‧德格魯特所說的話：「你可以在某些時候欺騙某些客戶，但你卻不能在所有的時候欺騙所有的客戶！」

要做大生意，就要先學會做一個誠實的人。因為，人格是無價之寶，只有品格端正、誠實可靠，才能獲得別人尊重、信任，把你當朋友，彼此成為生意上的忠實夥伴。想要成為一個出色的銷售員，也是如此，首先要努力使自己成為品德高尚的人。假如品行不良，不僅客戶不會相信你，你的老闆、上司、同事也不會信任你。

正派經營的公司招聘營銷人員時，通常都會把品德操守列為第一要件，因為消費者、客戶、社會大眾一般都經由營銷人員來認識一家企業的形象、素質、層次。銷售人員處於企業與社會接觸的最前線，無疑是向社會反映企業內涵的一面鏡子。事實上，

How to break
the heart of defense
②⓪③

消費大眾也經常透過對銷售員的評價，來評斷一家企業和它的產品。假如一個企業的業務員態度良好、敬業專業、誠實可靠，那麼消費者便能很快接受這個企業的產品。

遺憾的是，有許多銷售員忽略了這個最基本的原則，反而認為在這個物慾橫流的世界，銷售員唯一目的就是想盡一切辦法提昇業績，為了「獲利」可以不擇手段，使盡一切欺騙的伎倆。這種短視近利的銷售員，可能會在短時間內創下輝煌佳績，但他們絕不可能達到「銷售王」的境界。

有位資深的銷售員說：「在銷售的領域中，最低層次的是唯利是圖；最高境界則是兼顧利與義，如此業績才能長盛不衰。」

誠然，銷售員沒有金錢慾望不可能成為「銷售王」，但是不能貪婪過度。日本經營大師松下幸之助說得好：「利潤是企業為公眾真誠服務之後，所獲得的報酬。」銷售員如果一味為了報酬而追求業績，這樣的業績就像是美麗的「煙火」，縱然會有一時的輝煌，但終究是短促而易逝的。

9.

適當的話題是
交談的潤滑劑

一個銷售員的魅力，往往來自於他的博聞強記、能言善道。聊天只是為銷售增添點潤滑劑，使交談的氣氛更輕鬆，並非曲意奉承或揭人隱私。

要銷售東西，先銷售自己

想要取得顧客好感，第一次上門的時候就要讓他第一眼就喜歡上你。首先要注意儀表，得體的服飾、儀容，周到的禮節，溫和積極友善的態度，都是建立良好的第一印象的要素。

一個銷售人員想要銷售產品，首先得銷售自己。

如果自己不能給客戶一個良好的印象，必然會連帶影響到產品的形象和企業品質。

人通常是感性的，顧客能否接受某企業的產品，往往取決於能否接受企業銷售員；銷售員能否在雙方之間建立良好的合作關係，往往取決於銷售員展示給顧客的第一印象。

「鵝眼效應」在人際交往和銷售中無處不在，顧客習慣把銷售員良好的第一印象放大，在愛屋及烏的情況下，進一步對其公司和產品產生好感。同樣的，不良的第一印象也會被顧客放大，無形中會對該公司的產品產生反感。

想要取得顧客好感，第一次上門的時候就要讓他第一眼就喜歡上你。

要讓人留下良好的第一印象，首先要注意儀表，要穿著得體，進退有禮。得體的服飾、儀容，周到的禮節，溫和、積極、友善的態度，都是建立良好的第一印象的要素。

如果一個穿著嬉皮服裝的銷售員向你銷售健康食品，恐怕你

How to break
the heart of defense
207

是無論如何也不敢買的。他給你的第一印象已經讓你懷疑：「他賣的東西能吃嗎？」或「他是否會賣違禁物品給我？」

　　女性銷售員以淡妝為宜，舉止要顯得落落大方，切忌不能過分濃妝艷抹，或故意流露很妖冶嫵媚的樣子。那樣會給顧客不端莊、過於輕佻的不良印象，顧客會認為妳不是來銷售產品，而是來銷售自己的色相。

　　一個成功的銷售員的服飾重在得體、自然、合時、合宜，會見客戶前先會對著鏡子整裝。穿者既不能太正式，也不能太隨便，要適合自己銷售的商品。在一般情況下，銷售員穿西服較為正統、嚴謹、不刺眼。例如，美國、日本的許多大公司都會對雇員的服裝嚴格要求：皮鞋要擦乾淨，襯衫的釦子要釦上，女職員裙子不能過膝，而男職員西服不能有縐褶。

　　此外，銷售員的儀容應經常修飾，保持清爽整潔，切不可蓬頭垢面，要給客戶鮮明悅目的第一印象。

　　銷售員隨身帶的東西很多，如名片、筆記本、錢包、梳子、打火機、鑰匙，以及關於商品的說明、樣品、訂單……等等，這些零件都應分門別類地整理好，不能在顧客面前慌慌張張的，找不到東西露出狼狽相；也不能手忙腳亂地掏出不該給顧客看到的東西，甚至嘩啦一聲把零零碎碎的東西倒滿一桌子，等到找著東西，客戶已經不耐煩了！

　　不要以為這是開是玩笑的例子，其實，這樣邋遢的銷售員四處可見，給我們很大的啟示是：出門之前，「零件」一定要裝配好！

　　為了避免出洋相，出門前不妨按下面這個清單檢查一下你的
「行頭」：

　　頭髮：男性的頭髮不能太長，大約二三十天就應理一次髮。
有染髮習慣的人，要慎挑適合自己的顏色，不要太過詭異。

　　眼睛：眼睛是心靈的窗戶，這扇心靈的窗戶要保持明亮有神。

　　鬍子：鬍子一定要刮乾淨，每天早晨都應刮鬍子。

　　雙手：雙手要隨時保持乾淨，定時修剪容易藏污納垢的指甲。

　　衣著：注意外套不要有頭皮屑或其他髒東西，褲子要筆挺，
檢查釦子是否扣好，拉鏈是否拉上。襯衫的領子、袖口保持乾淨。
襪子必須每天更換，否則脫鞋之後會散發異味。

　　配件：領帶是否與衣服相配，是否歪斜？鞋子是否與衣服相
配？袖釦、領帶夾、手錶，應選擇不刺眼的樣式，使自己看起來
大方得體。

How to break
the heart of defense
209

適當的話題是交談的潤滑劑

> 一個銷售員的魅力，往往來自於他的博聞強
> 記、能言善道。聊天只是為銷售增添點潤滑
> 劑，使交談的氣氛更輕鬆，並非曲意奉承或揭
> 人隱私。

具有良好的口才，又懂得留意說話口氣的人，必然是商場上的常勝軍。口才是現代社會必備的競爭資本，「用口氣創造運氣」更是商業社會的成功之道，唯有具備良好的說話能力，才能在商業社會遊刃有餘。

身為一個業務員，無可避免地要與各行各業、各種層次的顧客接觸，因此，除了注意談話的語氣之外，更應該清楚什麼人喜歡談什麼話題，才能藉由共同的話題，拉近彼此的心理距離。

銷售員的知識面要廣博，但不一定要深精。因為，銷售員沒有過多的時間、機會對每一項事物都進行深入的瞭解和研究。

銷售員所需要的知識非常龐雜，可能涉及天文、地理、旅遊、時事新聞、文學、美術、音樂、體育、種花、釣魚……等等；即使是自己不喜歡的領域，至少也要有粗淺的認識。

許多銷售員都有一種習慣，每天出門前買一份日報或娛樂、體育等報刊雜誌，或是留意即時新聞，目的就是要從中發現適宜交談的新話題、熱門話題，以及最新發生的奇聞異事。

　　身為銷售員，要隨時隨地蒐集話題，並不斷地更新，才能在商談時，配合時間、對象，選擇適當並且能引起對方共鳴的話題。

　　當然，這並不意味著銷售員要對每一項話題都特別愛好，成為一個無所不精的「專家」，過於強調自己興趣廣泛、知識淵博，有時反而會適得其反。

　　有時為了應付一個有特殊嗜好的客戶，你不妨「臨時抱佛腳」，設法多瞭解一些相關方面的知識，原則是「與其求深不如求廣」。

　　有人也許會批評銷售員總是道聽途說，專談些八卦、小道消息，不過，一個銷售員的魅力，往往來自於他的博聞強記、能言善道。

　　況且，談論這些話題只是純聊天，為銷售增添點潤滑劑，使交談的氣氛更輕鬆，並非曲意奉承或揭人隱私。

　　所以，你不妨多活用3C產品，每天早晨出門前看一下新聞，帶著「剛出爐」的「新鮮」話題去見你的顧客。

How to break
the heart of defense
❷❶❶

什麼時間銷售最容易成功？

吃午飯或快吃午飯的時間絕對不要去拜訪客戶，特別是初次拜訪。一般的情況下，你應該自行吃過午餐之後，到下午上班時間再去登門拜訪。

雖然做銷售可以隨時隨地地拜訪顧客，但也應注意迴避某些日子和特定的時間。

如果客戶是星期日休息，最好不要星期一前往訪問。因為休息日的第二天業務量比較多，前去訪問是不明智的，特別是上午更是一大忌諱。如果那一天非去不可的話，則必須事先電話預約，而且盡可能安排在下午。

此外，月底一般各公司工作都很忙，最好不要選擇在這個時候去拜訪。

在具體時間上，應該迴避在早上剛上班時登門拜訪。因為早上要開會、作準備工作等，比較忙碌，因此在上班一個小時之後再去比較好。

吃午飯或快吃午飯的時間絕對不要去拜訪客戶，特別是初次拜訪。一般的情況下，你應該自行吃過午餐之後，到下午上班時間再去登門拜訪。

快要下班的時候，也不要去拜訪客戶，因為這個時間對方會急著想下班，銷售效果不會理想。如果到了下班時間你還不走，

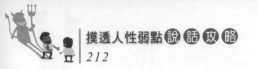

糾纏著對方，要對方聽你介紹產品，會引起對方的反感。

另外，傍晚快下班時是收拾整理一天工作的時間，如果這個時間找客戶談生意，對方往往會草草應付一下，說不定本來可以做成的生意反而做不成了。

如果你想晚上宴請客戶的話，也不要恰好在下班前幾分鐘才去，因為周圍的人一眼就會看出，而且有時會產生嫉妒心。

在這種情況下，選擇下班前一個小時進入辦公室為宜，這樣你就有充分的時間和恰當的時機，跟你宴請的對象談定宴請的時間地點，你還可以裝著辦完事情與你所拜訪的人道別，其實，你只是先到某家餐廳恭候罷了。如果能用電話解決問題，那是再好不過了。

如果要和顧客事先約好時間，要為對方留出選擇的餘地。

對顧客來說，提出具體時間的這種建議比較容易接受。當銷售員泛泛地問顧客什麼時間有空時，顧客總覺得他的時間表安排得滿滿的，或者覺得會見銷售員還不如他休息重要，他可能就會說近期沒有空。如果你向顧客提出某一段時間或具體時間，顧客便會認為你的拜訪不會佔用他太多時間，而且也會認為你有較強的時間觀念。

How to break
the heart of defense
❷❶❸

一問一答學問大

談判中的任何一次問與答都大有學問，若是好好利用，將足以控制對手的心思，達成深遠且巨大的影響。

構成談判的內容，不僅包括陳述、辯論、討價還價，還有兩項是不可缺少的——買賣雙方的問與答。

談判中提問的主要目的，通常是為了打開話匣子並彰顯主題，以利討論、溝通。可以針對不同主題提出不同的問題，也可以用不同的方法、不同的角度，提出對同一問題的疑惑。

提問的重要作用，在於引起注意，為對方的思考提供一個既定方向，除此之外還可以獲得自己不知道的資訊、表達感受、引起對方的思考，並促進協議的達成，幫助相當大。

常用的提問方法，可歸納為如下幾種：

• 引導性提問

引導性提問指對答案具強烈暗示性的問句，幾乎可令對手毫無選擇地按發問者所設計的答案作答。

這是一種反意疑問句，目的在使對方贊同自己提出的觀點。例如：

「講究商業道德的人是不會胡亂報價的，您說是不是？」

「這價格對你我都有利，不是嗎？」

• 坦誠性提問

坦誠性提問是一種使人感到推心置腹、較友善的發問方式。

一般在對方陷入困境或有難處時提出，目的在協助解決困難，因此能使談判氣氛變得較和諧。例如：

「請告訴找，您至少要銷掉多少？」

「對於我方的觀點與建議，您是否完全清楚呢？執行上有任何困難嗎？」

• 封閉式提問

封閉式提問指在特定範圍內引進肯定或否定答覆的發問，可以獲得特定資料或確切的答案。例如：

「您是否無法對產品提供售後服務？」

「我方能得到優惠價格嗎？」

• 開放式提問

開放式提問是指在廣泛領域內引起廣泛答覆的疑問，通常無法只用「是」或「否」等簡單字句回答。例如：

「請問您對本公司的印象如何？」

「您對當前市場的需求狀況有何高見？」

由於不限定答覆範圍，對方能夠暢所欲言，提問者也可獲得廣泛資訊。

• 證實式提問

證實式提問是針對對方的答覆重新措辭，促使提出證實或補充（包括引申或舉例說明）的一種發問。

How to break
the heart of defense
❷❶❺

此一方式不僅足以確保談判各方在述說「同一語言」的基礎上進行溝通，還可以獲得較充分的資訊，並表示提問者對所得答覆的重視。

例如：「您剛才說，對目前正在進行的這筆生意可做取捨，這是不是代表您擁有全權和我方進行談判？」

• 借助式提問

借助權威人士提出的觀點以影響談判對手的一種提問。例如：

「我們已經向專家請教過，對貴公司的產品有了較深入的了解，因此想請您考慮一下，是否把價格再降低一些？」

當然，所謂的權威人士應該是對方所了解的、確實具名望者，才有辦法發揮預期作用，產生積極影響。

別小看了談判中的任何一次問與答，其中可大有學問。若是好好利用，將足以控制對手的心思，達成深遠且巨大的影響。

提問技巧比你想像得更重要

能否在談判中適當地提問非常重要，因為這是
發現、獲得資訊、進行溝通的一種重要手段。

無可諱言的，具有良好的口才，能輕鬆說服別人的人，必然
是人生戰場上的常勝軍。

如果你想成為這樣的傑出人士，就必須在各種會談場合掌握
自己的說話語氣，鍛鍊自己的說話能力。

談判參與者經常會運用提問引起對方注意，並為對方的思考
提供一個既定方向，進而獲得自己不知道的資訊和不了解的資料。
可以說，提問技巧是一種必備技能，比想像得更為重要。

談判中提問的類型很多，各具不同動機與功用。

提問可以僅單純針對某一具體問題進行，例如：「請問您是
否對售後服務感到不滿意？」

也可以針對總體或全局狀況進行提問，不限定答覆範圍，例
如：「您對當前市場競爭狀況有什麼看法？」

探索式提問是這樣的：「若增加數量，能否在價格上更優惠
一些？」

引導式提問的功用則在使對方別無選擇，只能按照發問者的
希望回答，例如：「經銷這種商品對我方來說，利潤很少，如果

How to break
the heart of defense
217

不能得到百分之三以上的折扣，抱歉恕難成交。」

　　提問還可以是協商式的，例如：「您認為折扣定為百分之三妥當嗎？」由於語氣較婉轉，一般易為對方接受。

　　從以上幾個例子可以看出，提問的方式多種多樣，必須針對情況選擇最適當的方法，才能收到較好的效果。

　　此外，還要把握好時機，儘量在對方發言完畢之後再提問，以避免打斷對方的談話，造成反感。

　　如果發言者的陳述過於冗長且不知節制，當然就另當別論了。你可以在對方發言停頓、間歇時提問：「請問您主要的意思是？」「上一個問題我們已經理解了，那下一個問題呢？」

　　能否善用言談技巧，在談判中適當地提問非常重要，因為這是發現、獲得資訊、進行溝通的一種重要手段。

　　運用提問技巧應考慮以下幾點：提出什麼問題？如何表述問題？如何發問？對方將產生什麼反應？

　　具體來說，必須注意的有：

　　1.慎擇提問時機，不要引起對方的反感。

　　2.以中等語速發問。若發問太急速，容易使對方認為你不耐煩或持審問態度，太緩慢發問則會使氣氛過度沉悶，導致效率低下。

　　3.對初次見面的談判對手，在進行第一次發問前應徵得對方同意，這是一種基本禮貌。

　　4.由廣泛性的問題入手，再轉向專門性的問題，如此將有助於縮短溝通的時間，同時幫助自己從回答中擷取有用資訊。

　　5.所有問句都必須圍繞同一個中心議題，避免偏離。

6.提出敏感性問題時，應該說明發問的理由，以表示尊重。

7.不要使用威脅性或諷刺性的口吻，更避免盤問式或審問式
提問。

　　從本質上說，談判就是談話的過程，由一系列的問答構成，
所以成功的談判不僅必須掌握高超的語言藝術，還應具有藝術家
的敏銳和偵探家的機警，以洞察對方的心理活動，顧及真正需要。

　　切記，真正成功的談判不是一方的勝利，而是參與兩造的雙
贏。

How to break
the heart of defense
②①⑨

小心問題裡暗藏的言語陷阱

商業談判過程中，提出的問題往往能達到誘導
作用，所以有問必答很可能不知不覺陷入對方
的圈套裡。

談判是一種動態的、充滿變數的活動，總難以完全如預想般
順利。一來一往的交涉過程中，常會面對下列幾種狀況：

● 不知道應該怎麼回答

有時，你會不知道該如何回答某個問題，也有些時候，你需
要一段時間來整理自己的思路。大可表明還需要考慮的時間，而
不要倉促地給出不理想的答案。

● 對答案一無所知

如果對方提問，你卻對答案一無所知，那麼就婉轉地表明「我
不知道」，然後設法找出來。你可以告訴對方：「我現在不清楚
那個地區的銷售狀況，但是我可以查一查，明天上午之前給你答
案。」千萬不要冒險猜測，除非明確地告知聽眾你的回答僅僅是
猜測。

● 需要較長時間思考

碰上需要思考才能回答的問題，不妨說「這個想法很好，讓

我們一起來思考」，然後寫下問題的要點，釐清脈絡。

• 感到難堪或為難，不易回答

有些問題非常不易回答，甚至會使人感到難堪，因為它們的意思不明確，或者懷有相當敵意。這時候千萬要保持冷靜，以從容態度擺平危機，不要讓喜怒形於色。

• 提問者的問題涵義不明確

涵義不明確的問題一般說來會比較長，不連貫且涵蓋面廣泛。面對這種情形，在解答之前，不如先設法換句話說，找出真正的焦點所在。

如果提問者堅持原來的提法，不願意加以調整，你不妨直接告訴對方「可惜我們沒有足夠的時間討論」，或者「可能要等到談判結束後，才有辦法進行更深入的探討」。

• 提問者的問題具明顯控制傾向

有些問題根本不是真正的問題，只是一些陳述。對於這種「迷你談判」，你大可不必花太多心思回答，只需要對他們的評述表示感謝，對他們的想法加以說明，然後便可繼續談判。

另一種具控制傾向的問題，是聽眾自問自答或專以自己的興趣為目的。面對這類情況，你必須考慮是否需要重新提出雙方的溝通主題，或者改變思路，把問題回拋給提問者，諸如反問：「那麼，您認為我們該怎麼辦？」

• 對方的問題或態度不友善

聽眾可能會因為資訊的不足、欠缺安全感而產生敵意，這時，

How to break
the heart of defense
❷❷❶

你該嘗試用事實與道理來打動他們。

面對不友善的問題，回答前請務必先深呼吸一口氣，避免以情緒化態度回應，讓狀況變得更遭。

有些時候，你能夠找到你與提問聽眾的共同之處，例如「你我都在努力做最符合客戶利益的事」，不過也有些時候，你會別無選擇，只能承認自己不同意提問者的觀點，然後清晰明確地解釋雙方的差異，以求加以說服。

商業談判過程中，提出的問題往往能達到誘導作用，所以有問必答很可能不知不覺陷入對方的圈套裡。

談判高手絕對不會「知無不言」，而會聰明地視情況差異，採取分別應對原則，說出最合宜的話：

1. 回答問題之前，給自己一些思考的時間。

2. 未完全了解問題之前，千萬不要回答。

3. 有些問題根本不值得回答。

4. 有時候，回答整個問題，倒不如只回答某一個部分。

5. 逃避問題的最好方法，就是顧左右而言他。

6. 以資料不全或不記得為藉口，暫時拖延。

7. 讓對方闡明自己的問題。

8. 倘若有人打岔，不妨就讓他打擾一下。

9. 針對問題作出的答案不一定就是最好的答案，甚至可能是愚笨的回答，所以不要在這方面花費太大工夫。

別小看任何一個問題，裡面可能都暗藏著重要訊息或對手佈置的陷阱。有問必答是愚蠢的行為，會讓你洩漏太多資訊，千萬不可不慎。

巧妙提問，輕鬆說服他人

光憑講道理說服不了任何人，談判者使用的所
有工具和技巧中，提問很可能是最重要的一
個，扮演著關鍵角色。

談判過程中，若能適時地主動提問，對參與雙方的溝通、磋
商將產生促進作用，有時能產生畫龍點睛的效果。

大致說來，主動提問的好處有以下兩項：

• 控制談話

主動提問的人，多半能在銷售活動中控制談話走向，談判也
是一樣。

本領高超的談判者，絕不會讓對方藉提問控制談判。兩位談
判高手面對面時，甚至會就誰應該提問進行談判，所以有時你會
聽到談判參與者說：「我已經回答了一個問題，現在該你回答我
了。」

既然是談判，就必定帶有產生衝突的可能性，面臨觀點或立
場的衝突，談判專家們是如何處理的呢？

最有效方法之一，就是用提問來代替直接表達反對。

面對同樣的狀況，缺乏經驗的談判者可能會說：「我不同意
你的意見，因為它行不通。」

How to break
the heart of defense
❷❷❸

這種陳述不僅會導致敵意，還會引起對手的提問，迫使這位缺乏經驗的談判者進行自我辯護，於不知不覺間顯露自己的弱點。

相較之下，談判行家會傾向於以提問的方式表達不贊成，例如：「您的意見很好，但該如何在操作當中落實呢？」

如果對方的意見確實不可行，辯護起來必定相當困難，提問的談判者自然處於相對強勢位置。

以提問表達反對，對方將較樂於承認自身問題，而不感到有失面子。

用提問形式表達不贊成還有另一個好處：假設對方的建議是可行的，你卻說「我不同意」，最後必定站不住腳，不得不在難堪的情況下做出讓步。

但若只說「這該怎麼執行呢」，無論對方的提議究竟可不可行，你都能夠保全自己的面子，不受損失。

• 贏得思考時間

一心不能二用，我們很難在說話同時進行縝密的思考。

談判之時，對手向你提出問題，你必定要用大部分思緒和注意力去回答，同理，既然集中了絕大部分注意力回答問題，就不可能對自己的立場及下一步行動充分地思考。

經驗豐富的談判家都善於利用這一點，當壓力當頭，需要時間進行思考時，他們會故意提出不重要的問題讓對方回答，自己則趁機策劃下一步行動。

提問可幫助減輕壓力，爭取思考時間，或者用以減少對方思考的時間，並施加壓力。之所以說提問能夠控制談話，主要原因就在於回答者必定處於壓力下且無法思考，提問者則得到了喘息

的機會。

　　應當認清一點，光憑講道理說服不了任何人。談判者使用的所有工具和技巧中，提問很可能是最重要的一個，扮演著關鍵角色，若不懂運用，無庸置疑，必定居於劣勢，無法達成自己想要的目的。

How to break
the heart of defense
❷❷❺

想清楚該說的話再回答

審慎琢磨回答技巧，不僅可以達到消極的自我保護，以積極面來說，也可以對他人產生影響，有益於達到說服的目的。

拿捏提問技巧不容易，掌握回答的學問當然也不簡單。

為什麼說回答不簡單呢？

首先，談判者必須綜觀全局、深思熟慮，在商場上說話是「一言九鼎」的，一旦承諾了，就不可輕易反悔，否則將因失信付出慘痛代價。

其次，由於談判中的提問必定經過精心設計，含有謀略或試探意味，更可能藏著圈套陷阱，因此不可貿然答覆。

以下，提供一些幫助回答問題的小技巧：

• 學會轉變話題

若雙方發生爭執，因為某些歧見而陷入僵局，妨礙談判的進行，就該轉變話題，另尋方向開始。

這時可以說：「先談另一個主題，等一下再回頭來討論吧？」「這個問題比較複雜，我們不妨分解成幾個小項目來進行。」

• 不要徹底回答

對某些問題無須回答得太詳細，否則在進一步的談判過程中，

將可能陷入被動。例如，當對方詢問產品品質問題，不必太詳盡地介紹，只需回答其中主要的某幾項指標，留下品質很好的印象即可。

• 拒絕的答覆方式

談判是為了達到互惠互利，雙方都滿意的效果，如果無法接受對方的條件，協議將無法簽訂。這時候，就必須加以拒絕。

拒絕之時使用的語氣一定要和氣、婉轉，畢竟當不成合作夥伴，也沒必要把對方當成為敵手，可以說：「您的意見很好，我們以後會考慮的。」「我非常喜歡這個產品，可惜預算實在不夠，請見諒。」

• 找藉口拖延答覆

談判中，若是對某個問題未考慮完全，而對方又追問不捨，可以用資料不全或需要請示等藉口來拖延答覆，例如：「對您提的這個要求，我沒有足夠權限給予答覆，需要請示上司。」

拖延並不等同拒絕，只表明還需要再深入考慮。

• 適時反擊

反擊能否成功，要看提出的時間是否掌握得準確。

一般說來，只有在對方以「恐怖戰術」來要脅時，才能使用反擊。它是一種以退為進的防衛戰，旨在利用對方的力量，再加上自己的力量，發揮「相乘效果」，借力使力，一舉獲得壓倒性成功。

其次，要注意一點──使用反擊法時，如果對方不認為你是個「言行一致」的人，效果免不了要大打折扣。

How to break
the heart of defense
❷❷❼

所以，在使用反擊法之前，必須先了解一件事情：在談判對手眼中，你究竟是不是一個言行一致、說到做到的人。

・攻擊要塞

談判，尤其是有關公務的談判，參加者通常不止一人。在這種「以一對多」或「以多對多」的場合，最適合採用的策略就是「攻擊要塞」。

即便談判對手為數眾多，實際上握有最後決定權的，不過是其中一人而已。在此，姑且稱此人為「首腦」，其餘的談判副將則為「組員」。

「首腦」當然是需要特別留意的人物，但也不可因此而忽略了「組員」的存在。

某些時候，你無論多努力都無法說服「首腦」，這時候就應該轉移目標，另闢蹊徑，把攻擊的矛頭轉向「組員」，向他們展開攻勢，讓他們了解你的主張，藉此對「首腦」產生影響。

這正如作戰時的攻城掠地，只要先拿下城外的要塞，就可以一路長驅直入。

這樣的過程也許較一般談判辛苦，但不論做任何事，最重要的就是要能持之以恆，再接再厲，奪取最後的成功。

攻佔城池，要先拿下對城池具有保護作用的要塞。同理，若無法說服，便應改弦易張，設法透過「組員」以動搖「首腦」的立場。

使用「攻擊要塞」戰術，成敗關鍵在於做到「有變化地反覆說明」。

一成不變的陳述方式不可能吸引注意力，因此在反覆遊說的

過程中，要特別留意保持彈性、互動性與變化性，以免造成反效果。

　　如果說提問是一種無形的攻擊，那麼回答就是對自身立場的聲明與保護。審慎琢磨商務談判中的回答技巧，不僅可以達到消極的自我保護，以積極面來說，也可以對他人產生影響，有助於達到說服目的。

10.

尊重的態度
是成功的基礎

在整個談判的過程中，
都要維持尊重對方的態度，以禮待之。
這樣即便這次談判不成、無法合作，
對方也會對你留下好印象。

你為什麼老是把話說得亂七八糟？

人都有被注目、希望獲得正面評價的強烈慾望，公開發表談話可以滿足這種慾望，不斷累積經驗之後，慢慢就能發現說話的樂趣了。

你對自己的說話有自信嗎？

如果你覺得沒自信而沉默寡言，那麼就無從得知自己的說話能力到什麼程度。只有試著表現自己的說話能力，才能了解對方的反應，明白語言的價值。

人普遍都有偷懶的念頭，如果別人不認真去看你或聽你，就不會去努力。比如說當主管事先要求你在會議中發言，你就會拼命地準備，思考如何表達自己的意見，但當沒有必要說話時，你就會悠悠哉哉地出席會議。

不管動機如何，努力的人與不努力的人，彼此的差距將會越來越明顯。所以當你被要求要發言時，即使有些勉強，為了督促自己努力，也要立即接受。

很多人在社交場合被要求發表談話時，都會想辦法推託或乾脆溜掉，因為怕自己不會說話，會帶給別人困擾。其實，這是增加對應能力的絕佳機會，而且只要努力去說，就不會說得亂七八糟，也許還能成為全場的注目焦點呢！

人都有被注目、被認同、希望獲得正面評價的強烈慾望，公

How to break
the heart of defense
❷❸❶

開發表談話可以滿足這種慾望，經過不斷累積經驗之後，你慢慢就能發現說話的樂趣了。

如果你真的覺得說話方面比別人差，那就更要製造越多說話機會。累積經驗是相當重要的，從量化轉變為質化的道理，同樣可以應用在說話方式上。

在開會時，努力掌握自己發言的機會，一定會出現肯定及否定的反應，這些反應都是發言者自我教育的機會。贊成聲音越多，表示自己的想法至少還適用於當時的參加者；若有人反對，試著去了解他們為了什麼而反對，自然會燃起想要以更精闢的理論回答他們的鬥志。

另外，這個時候，自己也會仔細思考，要怎樣才能得到他們的理解？如何才能說服他們、向他們說明？

如此一來，就能加深自己的想法，找出轉機。

其實，每個人都必須要透過說話來讓自己成長。

即使是一般的日常對話，要平時不太說話的人，突然在另一個陌生場合，或和第一次見面的人愉快地說話，幾乎是不可能的。

有人會說：「有的人天生就很會說話。」

其實，這是一種不負責任的說法，沒有人一生下來就能妙語如珠、口若懸河的。說話的技術、聆聽的技術、對應能力等，都要靠後天的努力。將藉口合理化、想辦法讓自己逃避的人，只會讓自己越來越不會說話。

每個人都有很多不同的邂逅，有邂逅的方式、也有接受的方式，每個人的人生也因此而不同。藉由和很多人對話，我們自己會脫胎換骨，突飛猛進，人都是要藉由和他人邂逅、藉由說話與聆聽，來獲得成長的養分的。

學會相處是成功的護身符

學會與其他人相處，打好人際關係，可以成為
護身符，保護一個人在激烈競爭的險惡社會中
平安生存，進而獲得成功。

「唉，真希望自己能多吸引一些朋友，成為一個受歡迎，人
人都樂於親近的人啊！」以上這句話，恐怕道盡了許多人的心聲。

有許多人因為生來個性較乖僻或者不善言詞、反應遲緩，以
致於無法享受友誼之樂，失去許多享受群體生活歡愉的機會，成
為一個孤獨、落落不合的人。對此，他們可能忿忿不平，可能自
怨自艾，卻不知道要結交朋友並不難，實現願望並非不可能，只
要自己敢於突破藩籬，走出陰影。

不管當下的遭遇或眼前環境多麼不順利，多麼惡劣，你仍然
可以讓自己樂觀，透過言行舉止，顯示出自己內在和藹、愉快的
精神，影響周遭所有的人，使他們不由自主地靠近。

懂得經營管理人際關係的人，不僅比較受人歡迎，更容易得
到別人的扶助，成功的機會自然比較大。

光有「天時」、「地利」還不夠，更重要的是掌握「人和」。

想像自己是一塊磁石，能夠將所有人吸引到身旁，這絕對不
是空想，只要能在日常生活中善待他人，表現出隨時為別人著想
的態度，就很有可能會實現。

How to break
the heart of defense
❷❸❸

如果希望別人對自己好，就要將心比心、推己及人，先用寬容大度的態度去對待與自己互動的所有人。

應該儘量去說別人的好話，儘量去看別人的好處，不要冷嘲熱諷、事事挑剔。總是為難別人的人，必定不可能受到支持與信任，會被貼上「不值得信任」、「最好敬而遠之」的標籤。

輕視且嫉妒他人的人，心胸必定是狹隘、不健全的，因為看不到別人的好處，即便面對著一個眾望所歸的人，仍要設法以種種不實言辭詆毀對方。

相反的，心胸若寬大健全，就能看出他人的好處，並給予真誠讚揚，使自己與其他所有人都感到自在、快樂。

吸引朋友的最好方法，莫過於表現出自己對別人的關心與興趣。有許多人一生都不能吸引人，總是交不到朋友，就是因為他們只顧著自己的事，只關心自己，奉行著「獨善其身」的理念，所以久而久之，便失掉了與外界的聯繫，處在社會的邊緣，只能冷眼看世界，完全無法融入。

有一個人緣極差的人，無論走到哪裡，總是不受歡迎，連他自己也搞不清楚原因，感到莫名其妙。假使他去參加一場宴會，每個與會者見到他，必定退避三舍，當別人縱聲談笑、其樂融融的時候，他只能一個人在旁邊乾瞪眼，不知如何是好。

事出必有因，狀況究竟是怎麼產生的呢？

從外在條件來看，這個人相當不錯，長得一表人才，能力很強，在職場上也相當受到上司賞識，升遷順暢。但問題就出在態度，他總是只想到自己。

若是一個人只為自己打算，凡事斤斤計較，不肯吃虧，甚至連與其他人談話時，話題都要圍繞在自己身上，如此自私，怎麼

可能會受到歡迎呢？

　　人際交往是「互相」的，若只有單方面付出，很難維持下去。一個只看得見自己的人必定交不到朋友，但只要稍微調整角度，對其他事情表現出興趣與關懷，氣氛與情勢就可能馬上變得不一樣。

　　俗話說得好，一個懂得用耳朵的人，必定比只用嘴巴的人更受歡迎，更討所有人的歡心。假使能夠常常設身處地為他人的利益著想，必定將獲得豐厚的回報。

　　無論人生最大目的是什麼，都要學會與其他人相處，打好人際關係，累積人脈存摺。這種態度將可以成為護身符，保護一個人在激烈競爭的險惡社會中平安生存，進而獲得成功。

How to break
the heart of defense
②③⑤

用真摯的告別語言深入人心

情意真摯、言語優美的告別詞語令人感動，這
點不論是在朋友間的交往，或是商場上的往來
都是如此。

在社交場合，得體的告別語言能增進友誼，即使在雙方分別
後，這段情誼也會令人難忘。至於在商場上，巧妙地處理送別也
可能會促成一椿買賣，為今後雙方的成功合作打下良好的基礎。

例如，有一家公司的女秘書替經理接待來訪客戶，由於工作
相當出色，因而深受客戶喜愛。臨別時，客戶為了表達對這位小
姐的感激之情，特別送給她一個由大海貝製成的紀念品。

這名女秘書非常讚歎海貝的美麗，當她知道這禮物是客戶從
很遠的地方買到時，很感動地說：「謝謝你，為了送我這件禮物，
還讓您跑那麼遠的路，真是過意不去。」

「這不算什麼，因為我為買到它而進行的長途跋涉，就是我
送給妳的禮物一部分。」這位客戶答道。

這樣別具一格、精心挑選的離別贈禮，再加上動人的臨別話
語，就能表達出送禮者的一片至誠，也無怪乎收禮者會如此感動
了。

此外，情真意切的告別演說也是催人淚下。

　　林肯是美國第十六屆總統，一八六五年贏得內戰勝利，廢除了黑奴制。

　　一八六一年二月十一日，林肯當選總統要赴華盛頓就職前，他在工作所在地伊利諾斯州發表了告別演說，部分內容如下：

　　「不是處在我這個地位上的人，很難體會到我此刻的惜別之情。這地方和這裡的人民給了我一切，我在這裡度過了四分之一個世紀，從青春歲月到了暮年，我的孩子在這裡出生，其中一個還埋葬在這裡。我現在要離開你們，不知何年何月才會再回來，甚至不知是否能再回來。我眼前面臨的任務，比當年華盛頓總統肩負的還要重大。要是沒有上帝的扶持，我不會成功，但是，有了上帝的扶持，我就不會失敗。讓我們滿懷信心和希望，因為一切都將好起來。願上帝賜福於你們，也願你們祈求上帝賜福於我。」

　　這篇告別演說情感真摯、言語樸實，林肯以發自內心的感觸，道出了一個即將遠行的人對朋友依依不捨的深情。有人說林肯是美國歷史上最偉大的總統，從這一篇告別演說上，可見一斑。

　　情意真摯、言語優美的告別辭令人感動，這點不論是在朋友間的交往，或是商場上的往來都是如此。

　　一個成功的領導人也善於發表臨別的演說，他懂得利用這樣一個機會、這樣一篇演說，讓自己的形象深留人心。

How to break
the heart of defense
237

多加考量才能使宴請圓滿達成

請客是商場上必不可少的禮節。若是處理得
好,就能達到彼此交流、促進情誼的效果;倘
若處理得不好,雙方反而會因此產生芥蒂。

　　要使自己的事業成功,為自己獲取最大的機會,就少不了請
客送禮這項步驟。可是也有一些人,本想利用請客送禮來獲得對
方的幫助和支持,但由於在邀請對方時,表達的方式不夠好,結
果反而帶來了反效果。

　　因此,在交際過程中,準備宴請與送禮時,應當注意一下該
如何運用口才,研究一下說話的策略。

　　另外,不論是要請客或者送禮,從計劃到開始、從開始到結
束,整個過程都應在自己的控制之中,切忌舉辦力不從心的宴請,
諸如宴席未開始,自己便先累倒了;形式太多、太複雜,結果使
客人不好意思;屋子明明很小,卻邀請了一堆客人,弄得大家無
立足之地,整個屋子裡鬧哄哄的,使客人心情煩悶、無精打采;
如此一來反而弄巧成拙。

　　宴請賓客時,還要知道客人的口味與愛好,邀請來的陪客應
當有相當的談話本事,並且與賓主雙方都沒有歧見和嫌隙。

　　在客人來了之後,主人應負責介紹每位來賓的姓名、身分、
工作,介紹內容不可故意渲染誇大,必須簡單扼要,三兩句交代

清楚就好。

當來賓坐下之後，切莫獨自和某一個人長談而忘記自己主人的身分，必須注意處理好自己與眾賓客間的關係，不要冷落了某個客人。

對於那些遭到冷落或無法參與話題的沉默之人，應不露聲色地為他解圍，使眾人在熱烈、融洽、友好氣氛交流情感。

當賓客相繼要回家之時，應像迎接賓客時一樣，站在門口與他們一一握手道別。若是賓客成群離去，也應送至門口，揮手互道晚安。

若是面對遲遲不願離開的客人，必要之時可以停止沖茶或停止供應食物，暗示客人該是離去的時候了。

假若這樣還不生效，可以明白告訴他，時間太晚了，自己明天還有工作要做；或這幾天很忙，自己有點疲憊；或這幾天身體不太舒服，想多休息等，用禮貌、委婉的方式勸客人離開。

請客是商場上必不可少的禮節，也是拓展人際關係的必要步驟。若是處理得好，就能達到彼此交流、促進情誼的效果；倘若處理得不好，雙方反而會因此產生芥蒂。因此在規劃宴席時，必要小心，多加考慮來賓的狀況與喜好，使宴請的目的能圓滿達成。

How to break
the heart of defense
❷❸❾

誠心弔喪，自然會給人好印象

弔喪時的交談應注意如下「三要」：一要使用
委婉語詞；二要語調親切，語氣和婉；三要注
意儀態，態度嚴肅莊重，感情真摯誠懇。

　　在人際交往中，弔喪是一種常見也頗為重要的場合。中國古
代把喪事看得比婚禮更重要，這是很有道理的。如果說婚禮賀喜
是「錦上添花」，那麼弔喪便是「雪中送炭」，它對悲痛的死者
家屬是十分珍貴的。學會弔喪時的交談方法，對適應交際需要，
慰問、安撫親友，或傳達誠摯真切的感情，都很有幫助。

　　弔喪又稱弔唁。據《辭海》注釋，弔唁即「祭奠死者，慰問
其家屬。」因此，弔喪時的交談，應圍繞這兩個基本主題進行。

　　一般說來，弔喪有四種方式：

一、撫慰性交談

　　當人們失去親人時，心情非常悲痛，最需要別人的撫慰。因
而弔喪時，首先要對死者家屬致以親切的慰問，如說：「您要忍
痛節哀，保重身體」或是「公司派我做代表前來慰問」等等。

　　撫慰性談話要帶著對死者家屬深厚的感情，有問候、有安撫、
有勸說、有分析、有開導，努力減輕他們的悲傷。

二、詢問性交談

　　人在極度悲傷的時刻，很需要有個傾訴衷腸的對象。心理學研究證明，讓那些十分悲痛的人哭訴一番，會比要求他們將悲傷鬱積起來有益。因此，弔喪時可適當提些問題，好讓死者家屬傾訴內心傷痛。

　　如果彼此的關係很親近，自己又有時間、能力協助，還可表示願幫忙料理喪事，分擔一些雜務。即使是做些代買物品、代發報喪消息之類的小事，主人也會備感欣慰。

三、回顧性交談

　　如果時間允許，還可進行回顧性交談，即和死者家屬一起回顧死者生前的好品行。因為這能幫他們從悲痛的氣氛中暫時解脫，以無限深情緬懷死者。這對弔喪者本人也是個學習的好機會，是悼念死者的好形式。

四、商討性交談

　　假如死者家屬很年輕，沒有料理喪事的經驗，就可以提出自己的想法，和他們共同商討出一個恰當的方案，把多項應辦的事辦妥。

　　此外，弔喪時的交談還應注意如下「三要」：一要使用委婉語詞；二要語調親切，語氣和婉；三要注意儀態，態度嚴肅莊重，感情真摯誠懇，適度表露出對死者的哀悼之意以及對家屬的同情心理。

　　交談時間的長短則應視情況而定，如弔喪者絡繹不絕，慰問的話語就要簡短；如場面很冷清，則不宜匆匆告別，應適當地多談一會兒，以示安慰。

How to break
the heart of defense
❷❹❶

尊重的態度是成功的基礎

> 在整個談判的過程中，都要維持尊重對方的態度，以禮待之。這樣即便這次談判不成、無法合作，對方也會對你留下好印象。

　　所謂「談判」，就是要在彼此交談、尚議的過程中，為己方取得最有利的成果。在商場上，不論是與客戶簽訂合約前，或是與合作廠商建立合作關係前，都少不了「談判」這個步驟。

　　因此，在商場上活動的人都必須了解談判的流程與原則。

　　以下就列出談判過程中，應該注意的事項：

一、談判準備

　　在談判之前，首先要確定雙方的談判人員，己方的談判代表應與對方談判代表的身分、職務相當，談判代表還要有良好的素質。對於談判主題、內容、議程皆必須做好充分準備，制定好計劃、目標及談判策略。

　　談判代表在談判前，應打理好自己的儀表，穿著要整潔、正式、莊重。男士應將鬍鬚刮乾淨，穿上西裝，而且必須打領帶；女士穿著不宜太性感，也不宜穿細高跟鞋，應化上淡妝。

　　談判會場中若採用長方形或橢圓形的談判桌，則門邊右手座位或其對面座位是尊位，應讓給客方。

二、談判之初

談判一開始，雙方接觸的第一印象十分重要。言談舉止要適度，盡可能創造出友好、輕鬆的談判氣氛。

自我介紹時，態度要自然大方，不可露出傲慢的神態。被介紹到的人應起立微笑示意，或禮貌地說句「幸會」、「請多關照」之類的客套話。在詢問對方身分時要客氣。如對方遞出名片，要雙手接下。

自我介紹完畢後，可選擇雙方共同感興趣的話題進行交談，稍做寒暄，以增進彼此情誼，創造良好氣氛。

談判之初的姿態動作對於掌握談判氣氛有著重大的作用。在注視對方時，目光應停留於對方雙眼至前額的三角區域正方，這樣能使對方感到被關注，覺得你態度誠懇。另外在交談中，手勢要自然，不宜亂打手勢，以免造成輕浮之感；更切忌雙臂在胸前交叉，那樣會顯得十分傲慢無禮。

談判之初的重要任務是要摸清對方的底細，因此要認真聽對方談話，細心觀察對方的舉止與表情，並且適當給予回應，這樣一來既可瞭解對方意圖，又能表現出自己的尊重與禮貌。

三、談判之中

進入談判的重點階段後，談話內容是以報價、提問、磋商、解決矛盾等為主題。報價時要明確無誤、嚴守信用，不矇騙對方。報價不得變換不定，對方一旦接受價格，即不再更改。

對合約或產品提出疑問時，則要事先準備好相關問題，選擇氣氛和諧時提出，態度要開誠佈公，言詞不可過於偏激或追問不休，以免引起對方的反感甚至惱怒，但是，對於原則性問題應當力爭不讓。還有，對方回答問題時不宜隨意打斷，對方回答完後，

How to break
the heart of defense
243

自己要向解答者表示謝意。

因為合約內容事關雙方利益，在討價還價的過程中容易因情急而失禮，所以在磋商的時候，更要注意保持風度，態度心平氣和，發言措辭應禮貌委婉。

解決雙方矛盾時要就事論事，保持耐心、冷靜，不可因發生矛盾就怒氣沖沖，甚至是人身攻擊或侮辱對方。

四、談判後簽約

在簽約儀式上，雙方參加談判的全體人員都要出席，一起進入會場，相互致意握手。簽約完畢後，雙方應同時起立，交換文本，並相互握手，祝賀合作成功，其他隨行人員則應該以熱烈的掌聲表示喜悅和祝賀之意。

總而言之，在整個談判的過程中，都要維持尊重對方的態度，以禮待之。這樣即便這次談判不成、無法合作，對方也會對你留下好印象，這有利於未來再次的合作，能為之後的成功奠定下基礎。

巧妙運用崇拜權的心裡

> 要運用「借名揚名」的技巧時，一定要考慮它可能產生的負面影響，也就是所借用的「名」，能否使對方產生認同的心理。

所謂的借名揚名，是談判者在介紹己方情況時常用的一種技巧。其中「名」不僅包括組織、團體的「名」，也包括社會上一些知名人士的「名」。

比如，一些商家非常熱衷於請明星來廣告自家商品，目的就在於借名人的「名」來張揚自己的「名」。

這類廣告屢見不鮮，譬如「××影星只用××香皂」，或是「××名人天天喝××飲料」……等等。

「借名揚名」利用的是普通人崇拜權威的心理。一般人的思維中，通常有這樣一種觀念，認為名人推崇、讚賞的東西也一定是好東西。因此，在談判過程中介紹己方情況時，運用借名揚名的技巧，可以直接而鮮明地體現出己方的實力、品質、經營理念和社會地位。

它是談判者在談判過程中為自身及自家產品顯示價值的有效武器。像下面這個例子就是活用「借名揚名」技巧的事例：

在一次談判中，雖然供應商提供的各種資料，都顯示提供的零件沒有任何問題，但廠方由於第一次接觸這個品牌的產品，始

How to break
the heart of defense
②④⑤

終拿不定主意，甚至想退出談判，轉而購買品質較差但自己十分熟悉的一種舊產品。

這時，供應商靈機一動，說：「您知道最近廣被讚頌的 ×× 牌電視吧？」

「當然，我們家的電視就是 ×× 牌的。」

「那您覺得這種電視的品質如何呢？」

「很不錯，一點也不比進口產品差。」

「我很榮幸地告訴您，生產 ×× 牌電視的廠商，就是一直都選用我們的產品。我們前幾天才剛簽了一個長期供貨的協議呢！」

聽了這樣的介紹後，廠方的顧慮立即消除了，很乾脆地和供應商簽訂協議。

這就是一個運用「借名揚名」技巧的例子。

供應商巧妙地把 ×× 牌電視機的知名度作為自家產品品質的保證，打消了客戶的疑慮，使談判的局面峰迴路轉。如果供應商還是單靠各種資料來介紹自家產品，恐怕就很難得到這樣的好效果。

此外，應當注意的是，要運用「借名揚名」的技巧時，一定要考慮它可能產生的負面影響，也就是所借用的「名」，能否使對方產生認同的心理。如果不能發揮這種作用，這種技巧就會適得其反，反而引起對方的反感，如此不但達不到顯示己方實力的目的，還可能使談判陷入僵局。

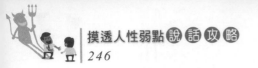
報價先後的利弊權衡

先報價有利或後報價有利都不一定，重點是要
能隨機應變，就當時的氣氛，以及對手與己方
的情況加以考量，擬訂出最適宜的報價方式。

　　某企業想跟某廠訂購一批自行車，於是雙方展開談判。

　　企業代表：「如果我們大量訂購，優惠價是多少？」

　　廠商代表：「每台一千元。」

　　企業代表：「要一千元？一般零售價也才一千四百元啊！請問你，這個優惠價格是怎麼定的呢？」

　　因為是後報價的緣故，所以企業代表可以集中火力，對廠商提出的價格發起進攻，逼對方降價，而自己手中的價格「底牌」則握得緊緊的。

　　在這種情況下，先報價者只能窮於應付，沒有機會探察對方的底細，在談判中陷入非常不利的地位。

　　由此可見，一般的商業談判是按照先報價者的談話內容進行的，但受益的卻是一直沒有報價的一方。那麼，既然讓對方先報出價碼對自己有許多好處，又該怎樣才能讓對方先報價呢？

　　最好的辦法是在一開場時，先說一段詼諧有趣的開場白後，立即要求對方先報價，並同時提出自己希望談判如何進行的建議。這種方式能使對方覺得你打算與他們在合情合理的基礎上談判，

How to break
the heart of defense
❷❹❼

以求盡快達成合作。

　　典型要求對方先報價的做法大致是這樣的：「先生，此次談判事關我們雙方利益，我們都希望能盡早達成合作。那麼，你們為何不直接提出一個能令雙方滿意的價碼呢？為什麼一定要把時間花在無謂的討價還價上呢？」

　　但是，不要以為讓對方先行報價就一定有利於己。你也可能因為讓對方先報價而被他搶得先機，不要忘了「先入為主」同樣具有很大的影響力。

　　先行報價的有利之處，在於可以主動擴大己方的影響層面，使整個談判內容侷限在某個框架內，把對手始終束縛在一個特定的範圍裡，從而達成對己方有利的協定。例如，如果對方的報價是一百萬元，那很少有人有勇氣殺價到十萬元，大多是就一百萬元的報價進行商討。

　　再比如百貨公司裡的名牌服飾，聰明的服飾廠商往往將服飾定價設為超出進價的一倍甚至幾倍。比如一件皮衣進價為一千元，廠商希望至少以一千五百元成交，那他會將標價定為五千元，幾乎沒有人有勇氣將一件標價五千元的皮衣殺價到一千元。換句話說，廠商的搶先報價侷限顧客的思維，由於受到標價影響，顧客最後往往都以超過進價幾倍的價格購買皮衣，廠商無疑是搶先報價的受益者。

　　因此，在談判過程中，並不是任何時候都要讓對方先報價，是先報價還是後報價，應視談判的具體情況而定。

　　如果你對該次談判準備得十分充足，對對方的情況頗為瞭解，這時你就可以先報價，以搶得先機；如果對談判準備不足、對行

情不是那麼熟，則應讓對方先報價，好以靜制動、後發制人。

另外，在高度衝突的談判場合中，先報價會使你處於有利的位置；在氣氛和諧的談判場合中，先報價還是後報價則沒有太大的差別了。

如果對手是行家，你也是行家，那麼先報價或後報價均可。如果對手是行家，自己是門外漢，則應讓對方先報價，因為透過行家的報價，你可以擴大自己的視野，及時調整己方的報價策略。

如果對手是外行人，那不論自己是行家還是門外漢，都應搶先報價，因為你的報價可對外行的對手產生誘導作用。

總而言之，在談判過程中，先報價有利或後報價有利都不一定，重點是要能隨機應變，就當時的氣氛，以及對手與己方的情況加以考量，擬定出最適宜的報價方式，為自己取得最優惠、最有利的價格。

迂迴側擊
才能突破僵局

當談判雙方在某個問題上爭執不下時，自信加技巧就是獲勝的關鍵。誰更自信、誰說話更有技巧，誰獲得成功的可能性就越大。

掌握對方意圖，反客為主

談判過程其實就是鬥智的過程，每一句話、每一個問題都可能是個陷阱，開口之前要多加考慮，小心別掉入對方所設的圈套。

商業往來少不了談判，而在談判中的價格問題上，有經驗的買主經常會運用「投石問路」的方式來獲取資訊。

比如他們會問：「假如我們要買好幾種產品，不只購買一種產品呢？」或「假如我們買下你的全部商品呢？」或「假如我們和你簽訂兩年的合約呢？」或「假如我們要分期付款呢？」

這一系列的假設，看起來是無害的「石頭」，有時卻會使人進退兩難。在這種情況下，要拒絕回答是不容易的，對此，聰明的賣主一定要仔細考慮後才給予答覆，不要被這一陣「亂石」搞得應接不暇、手忙腳亂。

面對這些「假如……」的問題，賣主不宜直截了當地回答，不能馬上就報價，而要設法去瞭解買主的真正意圖，變被動為主動，反客為主。

作為一個精明的賣主，必須能夠尋找出對方容易妥協和讓步的地方，以便以此為突破口，擊中對方要害。

態度要窮追不捨，打破砂鍋問到底，最好的方式是多問「為什麼」，如：

How to break
the heart of defense
❷❺❶

「我方最多只能出價一千元。」

「為什麼?」

這麼一來,如果對方繼續解釋,就有機會抓住他的要害,從而解決問題。

在討價還價過程中,聰明的買主會經常提出一些含糊不清的問題,而且這些問題也是可以做多種解釋的問題。

問這種問題的目的是要套出對方的話。

在談判和磋商過程中,談判人員常常以模糊性問題去試探對方,以探查對方的底細,比如:「那樣看起來好像不對,不是嗎?」或「成本看來似乎很高,不是嗎?」或「你們能夠做得比這個更好,不是嗎?」

對於這些問題,在還未瞭解對方的意圖或問題本身的含義之前,千萬不要輕易正面回答,只要回答一些非常概括性、原則性的問題即可,以免洩漏了己方情報,從而在談判中落入不利的位置。

談判的過程其實就是雙方鬥智的過程,對方的每一句話、每一個問題,都可能是個陷阱,開口之前一定要多加考慮,小心別掉入對方所設的圈套,輕而易舉地讓人摸清你的底細了。

小心作答，以免落入陷阱

談判過程其實就是雙方爾虞我詐的過程，彼此說的每一句話，都可能影響最後結果。面對提問時要小心作答，以免落入對方的陷阱。

對於某些含糊不清的問題，談判代表應慎重作答或儘量迴避或答非所問，至於究竟要採用何種方式作答，得依提問者的意圖而定。因此，在面對這類問題時，第一件事就是要弄清提問者的意圖。

要是對方提出尖銳的問題，談判代表可採取模糊策略回答。例如，對方問：「貴公司財力情況如何？」可以回答：「跟您做這筆生意還綽綽有餘。」

這個回答中，並未將公司的財務狀況告知對方，然而他卻很滿意，以為你的財務狀況很好，事實上你並沒有那麼多錢，或者你不具備與他做這筆生意的財力，而且你同時還要去做其他幾筆生意。

再如對方詢問何時交貨時，如果你感到交貨困難，需要延緩交貨時間，便可以答：「製成後交貨」、「款到後不久交貨」或者「隨到隨交」等。這些都是模糊性回答，卻足以讓對手誤解實際狀況。

在談判過程中，富有經驗的談判者常常覺得，約有百分之九

How to break
the heart of defense
❷❺❸

十的談判時間是用在討論一些無關緊要的事情上，至於關鍵性和實質性的問題，卻常是在最後剩下不到百分之十的時間裡談成的。也就是說，在談判過程的最後時間內，雙方做出的每一讓步都會影響最後的談判結果。因此，談判者必須安排好談判的全部時間與最後時間之間的關係。

首先，要安排好談判過程時間表，合理估計每個問題將會花費的時間。其次，把一開始大部分時間用在討論周邊問題或較為枝節的問題上，剩下的「最後十分鐘」，就可以用來洽談實質性或關鍵性的問題。

這種時間安排，一方面能避免雙方一開始就在實質問題上「觸礁」、「翻船」，同時又能充分地瞭解對方。

在最後關鍵的時間裡，雙方都慣用「最後期限」和「最後通牒」戰術。

「最後期限」戰術，往往是指在談判一開始即有意拖延時間，使談判接近某一時間界限時，開始向對方施加壓力，使對方為趕在時間結束前能夠簽訂協定，而動搖立場，接受己方的方案。

「最後通牒」戰術是談判的一方聲稱「這是我們能出的最高價格了」或「這是我們能接受的最低價格了」，否則「我們將退出談判，另尋賣主（或買主）」。在這種攻勢下，談判對手往往很快就會讓步。

整個談判過程其實就是雙方爾虞我詐的過程，彼此說的每一句話，都可能影響最後的結果。所以面對對方的提問時，不論是模糊不清或直接了當的問題，都要小心作答，以免落入對方的陷阱，使己方蒙受損失。

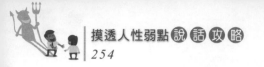
依據情況，適時「激將」

激將法的具體實施，要採用何種方式才能取得
最佳談判效果，靠談判者根據不同情況而定。
「運用之妙，存乎一心。」不能背離這原則。

最高明的談判手腕往往使得不著痕跡，卻又牽著對方的鼻子走。殊不見，古往今來熟諳這種高明談判手段的人，時常運用激將法，不費吹灰之力就達成自己的目的。

激將法就是談判者透過一定的語言手段刺激對方，引起對方的情緒波動和心態變化，並使這種波動和變化朝著己方所預期的方向發展。

運用激將法使最後談判成功的例子很多，以下就是個好例子：

A市某橡膠廠進口一整套現代化膠鞋生產設備，但由於原料與員工技術層面跟不上新設備，所以那套現代化的生產設備被擱置了三年。後來，新任領導者決定將這套生產設備轉賣給B市的一家橡膠廠。

在正式談判前，A方發覺B方正面臨兩個情況。

一是該廠雖然經濟實力雄厚，但盈餘大部分都投入了再生產，要馬上挪出兩百萬元添置設備，困難很大；二是該廠的領導者年輕好勝，在任何情況下都不甘示弱，甚至經常以拿破崙自詡。

對內情有所瞭解後，A方領導者決定親自與B方領導者進行談

How to break
the heart of defense
❷❺❺

判。

在談判過程中，A方領導者首先恭維說：「我昨天在貴廠參觀了一整天，詳細瞭解了貴廠的生產情況，管理水準確實令人佩服。您年輕有為、能力非凡，更使我欽佩。可以斷言，貴廠在您這位精明的廠長領導之下，不久一定可以成為我國橡膠業的一顆新星！」

B方領導者聽了，趕緊答道：「哪裡哪裡，您過獎了！我年輕尚輕，經驗與見識都還不足，懇切希望得到您的指教！」

A方領導者說：「我向來不會奉承人，但貴廠今天做得好，我就說好；明天做得不好，就會說不好。」

B方領導者說：「那您對本廠的設備印象如何？您不是打算把那套現代化膠鞋生產設備賣給我們嗎？」

A方領導者說：「貴廠現有的生產設備，在國內看來還不錯，至少三五年內不會有問題。至於轉賣設備之事，我昨天在貴廠參觀一天後，想法改變了。」

B方領導者問：「不知有何高見？」

A方領導者說：「高見談不上。只是有兩個疑問：第一，我懷疑貴廠是否真有經濟實力購買這樣的設備；第二，我懷疑貴廠是否能招聘到管理操作這套設備的技術人員。由這點看來，將那套設備賣給貴廠不見得是個正確的決定。」

B方領導者聽到這些話，自覺受到A方領導者的輕視，心中十分不悅。於是，他有些炫耀地向A方領導者介紹了本廠的經濟實力和技術力量，表明他們有能力購買並操作管理這套價值兩百萬元的設備。

經過一番周旋後，最後A方成功地將那套擱置了三年的設備轉賣給B方。

在上述的這個真實例子中，A方之所以最後能達到目的，要歸功於A廠領導者善用激將法的關係。

只是談判中，使用激將法的效果如何，全在於刺激的程度掌握得怎樣，有時只要「稍許加熱」即可，有時則要「火上澆油」；有時只需「點到即止」就好，有時卻要「窮追猛打」。

當然，激將法的具體實施，要採用何種方式才能取得最佳談判效果，就要靠談判者根據不同情況而巧妙運用。但是，「運用之妙，存乎一心」，不管運用什麼方法，都不能背離這項原則。

How to break
the heart of defense
257

掌握報價學問，使談判順利前進

報價雖要依據一定的預定原則和方案進行，但
談判代表仍可以根據當時情況，調整和變更自
己的戰術。

堅定、果斷、清楚、明確、完整、統一，而且不加任何解釋
和說明，這是談判報價方面的言語要求。

這種報價方式的好處是：

第一，使對方確信我方報價的可信程度，動搖對方的信心。

第二，使對方留下我方是認真而誠實的好印象，確信我方除
了是談判桌上的對手，也是經濟合作上的夥伴。

請記住，在談判桌上，儘管雙方你來我往、唇槍舌劍，但唯
有真誠才能為彼此的合作奠定良好基礎。

第三，任何欲言又止、吞吞吐吐、處處遮掩的行為，都會使
對方感到不舒服，從而產生不良印象和不信任感。

另外，報價時不應加任何解釋和說明，當然，對報價本身的
內容，如有必要，可按照對方的合理要求適當重複，這種做法的
原因在於：

第一，在報價後，不論己方提出的價格如何，對方一定會就
這個價格做進一步的詢問。因此，在事前不必多做解釋，只要就
對方提出的問題，解除其疑惑即可。

第二，有時過多的解釋和說明，會使對方輕易發現我方的漏洞，從中找出破綻和突破點，發起猛烈攻擊，這反倒使解釋方處於不利的位置。

過多的解釋和說明只是畫蛇添足的行為，不但不會使己方獲得好處，有時還會因過多的說明而招致不利，反使自己陷入困境中。

以上這些是報價時，言語方面應遵守的原則，但這只是一般的原則和方法，在談判過程中，還要根據具體情況加以靈活運用。

在談判、報價過程中，談判代表需認真考慮的，主要有以下幾種情況：

一、考慮談判的環境和自己與對方的關係，如果對方為了自己的利益，明顯向我方施壓，則我方必須提出較高的條件向對方施加壓力，迅速反擊，以保障自己的尊嚴、維護自己的利益。

在這類情況下，報價語言應更為明確簡潔，態度要堅定不移，使對方從你的語言表達、語氣運用方面，明確了解到你是不會任他擺佈、壓迫的；使對方調整方案，考慮我方的條件，或是協調退讓，使我方掌握一定的主動權。

二、如果談判雙方有過較長的合作關係，或者雙方關係比較友好，彼此態度都很誠懇，那麼己方報價時，就應當採取誠懇的態度，不要因所提價格、條件過高而影響雙方的關係，破壞已經建立起來的情誼。

在這種情況下，報價的語氣應略帶和緩，言語要清楚明確以顯真誠，使對方從你的語言表達、語氣運用中，確認你是可信賴

How to break
the heart of defense
259

的。這麼一來，對方在討價還價時，提出的價格也不會與你的報價相差太多。如此不但易於成交，還加大了談判雙方繼續保持友好商務往來關係的可能性。

三、若是我方尚無法先行掌握對方的觀點與意圖，難以瞭解對方的實際情況，這種情況下，報價時的語言運用要適當，態度既不要太堅決也不可畏縮，在報價的同時注意對方的表現，為進一步談判作準備。

報價的語言表達方式具有靈活性。報價雖要依據一定的預定原則和方案進行，但談判代表仍可以根據當時情況，調整和變更自己的戰術。

此外，談判人員還可以利用個人的社交才能，借助情感因素促進交易達成，並透過對對方言談舉止的觀察進而見機行事。

談判代表必須掌握一定的語言表達能力，運用嫻熟的語言技巧來表達自己的觀點，才會是一名成功的談判代表。

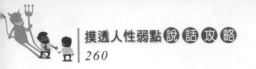
培養靈活洞察的商人直覺

在談判過程中，能順利取得成功自然最好，但
若不幸失敗也別灰心喪氣，能從中汲取失敗的
教訓，對未來的成功就有很大的幫助。

　　有人曾笑說，商人做生意要有「殺手的直覺」。這種說法當
然過於誇張，畢竟如果早早就將對手排斥在場外，那誰來當你的
客戶或買主呢？

　　商人做生意的直覺，其實是一種高度洞察力和靈活反應力的
綜合，而不是對客戶顯出如殺手般的兇狠。正確的直覺主要包括
下面四點：

一、時間能糾正謬誤

　　人在年輕的時候總是容易衝動。看到自己的生意被別間公司
搶走時，總會想羞辱對方以發洩心中怒氣，甚至心想反正生意已
經做不成了，客戶又能把我怎麼樣呢？

　　然而，這種舉動不但不能改變他人的決定，反而只會使自己
的形象受損。正確的做法是盡力克制自己的憤怒情緒，即便生意
談不成，彼此仍要時常往來，總有一天客戶會回過頭來與自己合
作的。

　　隨著年齡的增長，一般人會更加明瞭這道理，並逐漸修正以
往錯誤的態度。

ow to break
the heart of defense
❷❻❶

二、錢並不能代表一切

商場上有句俗話：「這筆生意主要是幫朋友一個忙，賺不賺錢無所謂。」旁人一聽，肯定會說：「這怎麼可能？誰做生意時不是為了錢呢？」但在談判中，有的高手為了贏得某種利益，寧願放棄眼前賺錢的機會，以一時的小損失贏得對方的任賴與感激，為將來的合作奠定良好基礎，並在未來為己方獲得更大的利益。

三、好的構思不一定來自自己

有些人對於出自本部門的計劃特別偏愛，對於他人提出的計劃則冷淡對待。但是，這種門戶之見會害己害人，帶著這種偏見將使獨創的見解難以萌芽，進而影響到整體的利益與發展。

所以，那些客觀正直、目光遠大、有所作為的領導人，都懂得要拋棄門戶觀念，只要策劃好、構想新、有發展前途的點子就堅決採用，不會去計較那計劃是何人提出的。

因為對他們來說，只要對公司有益，計劃是誰提出來的並不重要。

四、不要擔心把客戶逼向絕路

談判過程中，只要你佔據了主動位置，就要充分利用自己手中的優勢去取得最後成功。

例如，幾年前，有三位歐洲商人專程到好萊塢找某電影製片公司經理洽談，要求購買幾部電影的海外播映權。

這名經理報了個高價，對方無法接受。最後經理客氣地說：「若是無法接受就請回吧！」整個談話過程不到三分鐘。

當商人們離開後，經理則頗有把握地對屬下說：「過不了多

久，他們會再來找我。畢竟從歐洲來到美洲這麼遠，沒人願意空手回去的。」

第二天的再次洽談，證明了他的判斷正確，這名經理最終以高價賣出電影的海外播映權。

商人做生意的直覺是需要靠時間培養的，大部分人都是在歷經多場商務上的談判後，才逐漸擁有這類直覺。但只要擁有這類直覺後，就能幫人在談判時，更容易做出正確的判斷。

在談判過程中，能順利取得成功自然最好，但若不幸失敗也別灰心喪氣，能從中汲取失敗的教訓，對未來的成功就有很大的幫助。

How to break
the heart of defense
263

以柔克剛，將談判轉為有利的方向

面對咄咄逼人的談判對手時，要先耐心地磨去
對方氣勢，再採用「以柔克剛」的方式，使對
方接受自己的條件。

在談判過程中，有時會遇到一些鋒芒畢露、咄咄逼人的談判
對手，總以各種方式表現居高臨下、先聲奪人的挑戰姿態。

比如，提高音量說話，情緒激昂時會離開座席，站起來揮著
手陳述自己的觀點；以白負甚至略帶傲慢的眼神掃視對方，毫不
掩飾地想使談判內容依照他的指揮走，並流露出不屑傾聽對方意
見的神情等等。

面對這類氣勢強悍、態度高傲的談判者，「以柔克剛」是一
種十分有效的戰術。

這種戰術的目的在於透過許多回合的拉鋸戰，使這個趾高氣
揚的談判對手感到疲勞、生厭，以此逐漸磨去他的銳氣，同時使
我方的地位從不利和被動的局面，轉為有利與主動。到了對手精
疲力竭、頭昏腦脹之時，我方即可反守為攻，抱著以理服人的態
度，提出我方的觀點，逼使對方接受各項條件。

只是，要使用這種戰術，事先必須對一輪接一輪的馬拉松式
談判有足夠的準備。

在談判剛開始的時候，對於對方所提種種盛氣凌人的要求，

應採取迴避、周旋的方式，或者也可提出令對方難以接受的強硬要求作為對抗，但態度上不要像對方那樣氣勢洶洶。

到了馬拉松式的談判後期，即使我方在談判局面上佔了上風，也不能盛氣凌人，仍應採取柔中有剛的態度，做到以柔克剛。

要謹記，當面對這類盛氣凌人又高傲的談判對手時，最忌諱的就是以硬碰硬，這樣很容易激起對方的對立情緒，這麼一來，就容易使談判破局，這對己方絕對沒有好處。因此，要先耐心地磨去對方氣勢，再採用「以柔克剛」的方式，逼使對方接受自己的條件，從而使談判內容走向對己方有利的方向。

How to break
the heart of defense
❷❻❺

避開談判禁區，以免陷入僵局

既然會有談判，就代表雙方誠摯希望解決某個
問題或事情，也希望最後結果能皆大歡喜。小
心別觸及禁區，就是對談判成功的最大保證。

人際關係作家萊特曾經寫道：「站在對方的角度，可以看見
站在自己的角度看不見的盲點。」

我們面對問題或交涉、溝通、談判的時候，總是習慣從自己
的角度看問題，一味站在自己的立場說話。如果我們懂得站在對
方的立場思考，從對方的角度觀察癥結所在，那麼我們就會恍然
發現，眼前這些看似難纏的人，其實沒有想像中那麼難溝通。

在談判過程中，有幾個禁區是談判代表應該小心避免的。

以下列出一些以供大家參考：

一、忌對對方不禮貌

在談判過程中，必須注意滿足對方「希望獲得尊重」的需要，
這樣的表現可以為未來的合作奠定基礎。

就算在言談過程中，受到對方不禮貌的言詞刺激，也應保持
頭腦冷靜、態度有禮，儘量以溫和、禮貌的語言來表達自己的意
見，儘量避免使用一些極端用語，諸如「行不行啊？不行拉倒！」
或「就這樣定了，否則就算了！」等等。這些話只會激怒對方，
把談判引向破裂。

二、忌輕易加以評判

在談判過程中，即使你的意見是正確的，也不要輕易對對手的行為、動機加以評判。因為如果評判失誤，將會導致雙方對立而難以再次合作。

比如，當你發現對方對某件事的認知仍是十分陳舊時，如果貿然指責「你知道的資訊已經完全過時了」，對方聽了，必然無法馬上接受。如能改變一下陳述方式，則可能達到完全不同的效果，比如可以這樣說：「我對這件事有不同的看法，我的資料來源是……。」

三、忌輕易否定

在談判時，經常會出現雙方意見相反的情況，這時儘量不要直接使用「不」等具有強烈否定意義與對抗色彩的字眼。這種否定語氣很容易造成無法收拾的局面，對雙方都沒有什麼好處。

當對方不理智地以粗暴的態度對待時，要著眼於整個談判大局，仍應和言悅色地用肯定的句型來表示否定的意思。

比如當對方情緒和言詞激動時，不要針鋒相對，可以委婉表示：「我理解你的心情，但你的做法值得推敲。」

這樣一來，即使對方在盛怒之中也能接受你的話，就好像拳頭打在棉花團上，有火也不能發。並且，等他冷靜下來後，對你的好感就會油然而生。

另外，當談判陷入僵局時，也不要輕易使用否定對方的字眼，應不失風度地說：「我已經盡最大的努力，目前只能做到這一步了。」還可以適當運用轉折技巧，以免使僵局變成死局。

所謂轉折技巧，即先給予對方肯定，再委婉地表示否定意思，

How to break
the heart of defense
②⑥⑦

以闡明自己不可動搖的立場，例如：「我理解你的處境，但是……」或是「你們的情況確實讓人同情，不過……」等等。

這些話雖然並沒有陳述什麼實質性的內容，但「將心比心」的體諒，易使對方在情感上產生共鳴，從而打破談判僵局。

四、忌對關鍵問題正面回應

在談判時，應將重點放在對己方有利的問題上，對於對己方不利的問題不要深入探討或正面回答，可以繞著圈子解釋或者「顧左右而言他」。如果這一招仍無法打破僵局，可以建議暫時休會，讓大家放鬆一下，冷靜思考。總之，在這類情況下不可直接、正面回應，以免造成無法挽回的錯誤。

以上四點，是談判代表在談判過程中應小心注意的地方。既然會有談判，就代表雙方誠摯希望解決某個問題或事情，也希望最後結果能皆大歡喜。因而在談判中，小心別觸及這些禁區，就是對談判成功的最大保證了。

迂迴側擊才能突破僵局

當談判雙方在某個問題上爭執不下時，自信加
技巧就是獲勝的關鍵。誰更自信、誰說話更有
技巧，誰獲得成功的可能性就越大。

談判時，避開對方正常的心理期待，從對方以為不太重要的地
方展開交涉，非常可能讓對方的思考、判斷脫離預定軌道。等到對
方逐漸適應你的思考邏輯後，再回到協商主題，這種迂迴方式通常
能在談判中發揮不錯的效用。

例如，某家玻璃廠廠長率團與美國歐文斯公司就引進先進的
浮法玻璃生產線一事進行談判。雙方在部分引進還是全部引進的
問題上陷入僵局，廠方提出部分引進的方案，但美方無法接受。

這時，廠方代表突然轉換話題，「全世界都知道，歐文斯公
司的技術是第一流的，設備是第一流的，產品也是第一流的。」

先三個「第一流」，誠懇而中肯地稱讚了對方，使對方由於
談判陷於僵局而產生的沮喪情緒得以消除。

接著廠方代表又說：「如果歐文斯公司能幫助我們玻璃廠躍
居為第一流的水準，那麼，我們全廠上上下下的員工都會非常感
謝你們。」

這麼一來，剛剛扯遠的話題又轉了回來。由於前面說的恭維
話，已解除了對方心理上的抗拒感，所以對方聽到後面說這些話

How to break
the heart of defense
❷❻❾

時，似乎也覺得順耳許多。

「我想美國方面當然知道，現在，義大利、荷蘭等幾個國家的代表團，正在我國北部的玻璃廠進行引進生產線的談判。如果我們之間的判因一點點小事失敗，那麼，不僅是本玻璃廠，歐文斯公司方面也將蒙受巨大的損失，這不僅是生意上的，更重要的是聲譽的損害。」

這裡，廠方代表沒有直接提到談判中最敏感的問題，也沒有指責對方缺乏誠意，只是用「一點點小事」來輕描淡寫，目的當然是沖淡對方對分歧意見的過度關注。同時，點出萬一談判破裂將造成美方巨大損失。

廠方代表接著說：「目前，我們的確因資金有困難，不能全部引進，這點務必請你們理解和原諒，並且希望在我們有困難的時候，你們能伸出友誼之手，為我們將來的合作奠定一個良好的基礎。」

這段話中，已將對方視為己方的朋友，表現出現在不是在談買賣，而是朋友之間互相幫助的態度。

這樣的結尾，使玻璃廠方代表所說的話顯得既通情、又達理。

果然，經過廠方代表的迂迴攻勢後，談判僵局打破了，雙方終於簽訂協議。

迂迴攻勢在談判中要持之有據、言之有理，提及的理由是對方沒有考慮過的，或是考慮得不周全的。只有這樣，說出來的話才有「分量」，才會引起對方的注意，重新加以思考。

使用迂迴法時，說話的態度要始終充滿自信。當談判雙方在某個問題上爭執不下時，自信加技巧就是獲勝的關鍵。

誰更自信、說話更有技巧，誰獲得成功的可能性就越大了。

用舌頭代替拳頭 全集

罵人不必帶髒字的幽默智慧

柏登曾經寫道：「用舌頭罵人，不如用腦袋罵人。」因為，只會用「舌頭」罵人的人，嘴中容易出現一些情緒性的不雅字眼，雖然可以抒發自己一時的情緒，但是卻無法有效解決問題。相反的，懂得用「腦袋」罵人的人，卻可以讓自己不必在口出惡言的情況下，輕鬆地達到罵人的目的。

詹姆斯曾說：「當對方以為你一定會罵他的時候，你卻一言不發，往往是最高明的罵人方式。」的確，在該罵人的時候，卻保持異常的沉默，往往要比你口出惡言把對方罵得狗血淋頭的效果要好上許多。因為，如此一來，自認為一定會遭到你責罵的人，心中反而會有一種比被你責罵還要大的無形壓力。

《罵人不必帶髒字》系列暢銷作家

文彥博 編著

有點奸詐
不犯法 全集

全新修訂本

公孫龍策—編著

心機
對危機的
功心法

英國首相邱吉爾說：
事情的真相是如此寶貴，所以需要大量的謊言加以包裝。

外名人的成功例證告訴我們，「有點奸詐」是讓開成功大門最快最有效方法；
的慾望，愈需要冠冕堂皇的說詞加以美化，才能更快達到目標。

在人生的旅程中遭遇失敗，並不是他們能力不足，或是時運不濟，而是想法過於迂腐，
仁義道德掛在嘴邊，相信世界上的每一個人都是好人，結果自然是一再被坑、被騙，而且不知覺醒。
像是一場競爭激烈的相撲大賽，講究的不是硬碰硬的蠻力，而是智慧、技巧與謀略；
犯法。小奸小詐其實無傷大雅。

摸透人性弱點說話攻略

作　　者　金澤南
社　　長　陳維都
藝術總監　黃聖文
編輯總監　王郡凌
出 版 者　普天出版家族有限公司
　　　　　新北市汐止區忠二街 6 巷 15 號
　　　　　TEL ／ (02) 26435033 (代表號)
　　　　　FAX ／ (02) 26486465
　　　　　E-mail：asia.books@msa.hinet.net
　　　　　http://www.popu.com.tw/
　　　　　郵政劃撥 19091443 陳維都帳戶
總 經 銷　旭昇圖書有限公司
　　　　　新北市中和區中山路二段 352 號 2F
　　　　　TEL ／ (02) 22451480 (代表號)
　　　　　FAX ／ (02) 22451479
　　　　　E-mail：s1686688@ms31.hinet.net
法律顧問　西華律師事務所・黃憲男律師
電腦排版　巨新電腦排版有限公司
印製裝訂　久裕印刷事業有限公司
出 版 日　2024 年 6 月第 2 版第 1 刷
ISBN◉978-986-389-930-3　　　條碼 9789863899303
Copyright©2024
Printed in Taiwan, 2024 All Rights Reserved

國家圖書館出版品預行編目資料

摸透人性弱點說話攻略 ／
金澤南編著. —第 2 版. —：新北市, 普天出版
2024.6 面；公分. -（生活講義；175）
ISBN◉978-986-389-930-3（平裝）
CIP◉177.2